Von Nicole Staudinger sind bereits folgende Titel erschienen:
Schlagfertigkeitsqueen. In jeder Situation wortgewandt
  und majestätisch reagieren
Stehaufqueen. Die Herausforderungen des Lebens
  elegant und majestätisch meistern

Über die Autorin:
Nicole Staudinger, geboren 1982, ist Unternehmerin und Mutter von zwei Söhnen. Mit 32 Jahren erhielt sie, kurz nachdem sie sich mit der Idee »Schlagfertigkeitsseminare für Frauen« selbstständig gemacht hatte, die Diagnose Brustkrebs. Anstatt aufzugeben, begann sie zu schreiben – und wurde mit ihren ehrlichen und Mut machenden Büchern über Nacht zur Bestsellerautorin. Neben ihrer Arbeit als Autorin und Trainerin engagiert sie sich heute als Botschafterin für Pink Ribbon Deutschland.

Nicole Staudinger

ICH NEHM SCHON ZU, WENN ANDERE ESSEN!

Wie ich trotz 7 Millionen Ausreden
30 Kilo verlor

Mit der Schlagfertigkeitsqueen
durch dick und dünn

Besuchen Sie uns im Internet:
www.knaur.de

Originalausgabe März 2019
Knaur Taschenbuch
© 2019 Knaur Verlag
Ein Imprint der Verlagsgruppe
Droemer Knaur GmbH & Co. KG, München
Alle Rechte vorbehalten. Das Werk darf – auch teilweise – nur mit
Genehmigung des Verlags wiedergegeben werden.
Dieses Werk wurde vermittelt durch die
AVA international GmbH Autoren- und Verlagsagentur, München
(www.ava-international.de).
Redaktion: Regina Carstensen
Covergestaltung: Isabella Materne
Coverabbildung: © Kristina Malis
Satz: Adobe InDesign im Verlag
Druck und Bindung: CPI books GmbH, Leck
ISBN 978-3-426-78970-4

Inhalt

Heute fang ich an!	7
Klappe, die erste	9
Frau Satt vs. Frau Hunger	12
Hunger? Nö	15
Applaus für die Dünnen!	17
Vegan – oder: Ich mag alles	20
Kleiderschrank: Best Friend oder Staatsfeind Nr. 1	24
Siebzehn Jahre und eine Zahnspange	31
Schallgrenzen oder Schlüsselerlebnisse	34
Der Detlef ...	37
Shake it, Baby!	40
»30 Kilo in zehn Tagen!«	44
Die wundersame Lösung	47
Tag X	49
Wenn der kleine Hunger kommt	53
Frust	56
Belohnung	60
Freude	63
Ausnahme: Angst	66
Wenn Hunger nicht das Problem ist, dann ist Essen nicht die Lösung	67
Innere Zufriedenheit	70
Wir wissen, wie es geht!	72
Meine Geheimtipps	80
»Morgen fange ich an!«	84
Das Image als Jo-Jo-Mädchen	87

Der Abflex 93
»Du bist jetzt keine Katze mehr,
du bist ein Krapfen!« 97
Todeszone Mittagsschlaf 100
»Ein Anfang wäre gemacht« 103
Warum eigentlich? 111
Der Apfel fällt nicht weit vom Stamm, oder doch? 121
Perspektivenwechsel 124
Halten 127
Die goldene Mitte 131
Die Suche nach dem Heiligen Gral –
endet manchmal in Kuvertüre 135
Sport ist 137
»Was stinkt hier so?« 147
Lasagne 149
Männer 153
Die Entdeckung des Knies 156
Auf und Ab 160
Darf ich vorstellen: Frau Motivation 164
Warum ich glaube, es dieses Mal geschafft zu haben .. 173
Urlaub in Italien – all-inclusive 178
Bauch-weg-Höschen 184
Die anderen 187
Feind erkannt?! 192
Wofür der ganze Kram? 197

Merci 199
Quellen 203

Heute fang ich an!

Liebe Damen,
och nee, nicht noch ein Diät-Buch, werden Sie jetzt vielleicht denken. Und ich muss Ihnen zumindest insoweit recht geben, als ich dieses Buch noch weniger auf dem Schirm hatte als die drei anderen davor. Es kam einfach zu mir.
Und zwar, als ich so gute zwanzig Kilo abgenommen hatte. Obwohl es nicht das erste und auch nicht das zweite Mal in meinem Leben war, dass ich Gewicht verlor und es mich auf wundersame Art und Weise wiedergefunden hatte, verspürte ich den Drang: Schreib doch mal was über deine Diät-Erfahrungen auf. Und glauben Sie mir, ich habe mich schon kurzgefasst.
Herausgekommen ist *kein* Diät-Buch mit Rezepten. Sollten Sie so etwas suchen, gehen Sie ein Regal weiter, falls Sie gerade in einer Buchhandlung stehen und dieses Vorwort lesen. Es ist der Erfahrungsbericht einer Frau, die ihr Leben lang abnehmen wollte und dafür alles – fast alles – ausprobiert hat.
Tatsächlich ist es eine Reise für mich gewesen. Eine Reise, bei der ich schlussendlich dreißig Kilo verloren habe, und an diesem Selbsterfahrungstrip möchte ich Sie teilhaben lassen.
Aber Achtung, ich warne Sie jetzt schon vor! Rein theoretisch kann es nämlich passieren, dass Sie, nachdem Sie dieses Buch gelesen haben, zu Ihrem Mann, Ihrer Freundin oder Ihrer Kollegin sagen: »Ach, weißt du was, eigentlich bin ich doch naturgeil! Lass uns was Leckeres essen gehen!«

Denn den Selbstoptimierungswahn, liebe Damen, den mache ich persönlich immer noch nicht mit, dafür ist das Leben zu kurz.
Also, ich bin gespannt, auf welche Reise Sie das Buch mitnimmt.
In diesem Sinne guten Appetit – äääh, sorry – viel Spaß beim Lesen,

Ihre Nicole Staudinger

Klappe, die erste

Die erste Diät habe ich ganz bewusst mit dreizehn gemacht. Und das lag eindeutig an der *Bravo*. Die las ich zu jener Zeit – natürlich verbotenerweise. Eilig blätterte ich bis zu den ersten Nackedeis vor. Damals gab es eine Bilderserie, in der sich Jugendliche mit Selbstauslöser völlig nackt abgelichtet haben. Und wenn Sie mich fragen, nahm das Übel genau da seinen Lauf.
Denn mit dreizehn fing ich an, mich mit anderen jungen Frauen zu vergleichen. Davor war ich mir meiner moppeligen Figur eigentlich gar nicht bewusst gewesen. Aus heutiger Sicht weiß ich auch, warum. Weil ich nämlich gar kein Moppel war. Ich hatte eine völlig normale Figur. Ich war bestimmt nicht das schlankste Mädchen, aber ganz sicher war ich nicht fett. Ich möchte sogar so weit gehen und behaupten, dass mich bis zu diesem Tag meine eigene Figur nicht im Geringsten interessierte.
Ich weiß nicht einmal, ob ich Begriffe wie »Figur«, geschweige denn »Diät« überhaupt schon einmal in den Mund genommen hatte.
In den Neunzigerjahren gab es allerdings weder YouTube noch Instagram. Wir hatten den großen Luxus, frei davon aufzuwachsen. Stattdessen hatten wir Gameboys, Magic Diaries, Take That und Kratzeis!
Bis zum zwölften Lebensjahr legte mir meine Mama die Anziehsachen raus, und dann ging es in der schicken Cordhose mit Schalmütze und hochgekrempelten Ärmeln in die Schule.

Und natürlich tauschten wir Mädels uns aus, auch über uns, aber ich kann mich nicht erinnern, dass die Optik dabei so im Fokus stand, wie sie das heute tut.
Ja, so war das damals. Im Paradies der Neunzigerjahre.
Man kann also den Start des Sich-Vergleichens getrost mit Adam und Eva parallel setzen. Nur dass ich keinen Apfel aß, sondern die *Bravo* las. Und genau wie Eva musste ich danach mein eigenes Paradies verlassen.
Und warum? Weil wir, also wir Frauen, mal wieder mehr wollten. Warum geben wir uns nicht einfach zufrieden mit dem, was wir haben? Adam sah wahrscheinlich gar nicht so schlecht aus, und im Garten Eden gab es doch alles, was die beiden für den täglichen Bedarf brauchten. Hätte Eva sich damit nicht zufriedengeben können? Als Frau strebte sie natürlich nach mehr. Genau wie ich. Und die Schlange, die sich in meinem Fall in Gestalt der *Bravo* zeigte, brachte dieses Mehr. Erst durch die Schlange wurden sich Adam und Eva ihrer Nacktheit bewusst und verloren das, was ihnen bis dahin als selbstverständlich erschienen war.
Erst durch die *Bravo* sah ich, dass meine Oberschenkel kräftiger als die von Ariane, 14, aus Bottrop waren.
Mir blieb vor Schreck das Raider im Hals stecken.
»Sag mal, Nicole, wie lange willst du noch im Bad bleiben?«, rief mein Vater mit leicht ungeduldiger Stimme.
Bis ich so aussehe wie Ariane, dachte ich, laut antwortete ich: »Boah, Papa, geh halt ins andere!«
Unmittelbar nach der lebensverändernden Lektüre war ich ins Bad gegangen und hatte mir meine Schenkel mal etwas genauer anschauen müssen. Was ich sah, gefiel mir nicht. Gar nicht. Im Sitzen ging es ja noch, da konnte ich die Außenseiten etwas nach hinten wegdrücken, aber im Stehen? Wie hatte ich jemals mit diesen Beinen vor die Tür gehen

können? Bei Tageslicht! Und wie hatte ich nur kurze Kleider tragen können?
Direkt in unserem Neunzigerjahre-Badezimmer schloss ich mit mir einen Pakt: »Du wirst alles tun, damit du Ariane-Oberschenkel kriegst! Du wirst nie wieder Süßigkeiten essen, und vielleicht wirst du auch mal mit Julia zum Sport gehen. Ja, so wird's gemacht. Ende. Aus. Bikinifigur, ich komme.«
Noch heute spüre ich die Entschlossenheit, die ich damals gefühlt habe.
Allerdings spüre ich auch heute noch das Magengrummeln, das sich nur zwei Stunden später einstellte. Und mit dem Knurren des Magens schwand die Entschlossenheit so schnell, wie sie gekommen war.
Du bist ja noch im Wachstum! Ich glaube nicht, dass es gut ist, wenn man so gar nichts mehr isst. Außerdem hast du den Pakt mitten am Tag geschlossen, viel sinnvoller ist es, du gehst morgen früh frisch ans Werk. Du bist dann besser vorbereitet. Und die Bravo? Mama hat eh nicht erlaubt, dass ich die lese. Und Ariane ist bestimmt 'ne blöde Kuh. Wie die schon guckt.
»Nicole, Abendbroooooooooot!«, ertönte die Stimme meines Vaters.
Mmmhh, lecker, Leberwurstbrot.

Frau Satt vs. Frau Hunger

An diesem leicht schizophrenen Verhalten hat sich bis zum heutigen Tag nichts geändert. Leider. In mir leben (mindestens) zwei völlig unterschiedliche Frauen.
Gerne möchte ich Sie an dieser Stelle mit beiden bekannt machen.
Sagen Sie »Hallo« zu Frau Satt.
Frau Satt ist wahnsinnig vernünftig. Und ungemein diszipliniert. Sie kann unglaublich umsichtig denken und weiß, wie wichtig gesunde Ernährung, regelmäßige Bewegung und ein ausgeglichener Säure-Basen-Haushalt sind. Frau Satt ist sich auch bewusst, dass sie noch ein paar Kilo abnehmen sollte. Wofür? Na, für alles! Für die Gesundheit, das Wohlbefinden und dafür, dass sie das, was in ihrem Kleiderschrank hängt, auch wirklich anziehen kann. Und zwar jedes Teil. Verführungen jeglicher Art prallen an Frau Satt ab. Schlank sein ist für sie nur eine Frage der Einstellung. Warum?

- Weil es für Schlanke viel schönere Klamotten gibt als für nicht so Schlanke.
- Weil es eben blöd ist, dick zu sein.
- Weil Dicke so wahnsinnig disziplinlos sind.
- Weil man mit weniger Pfunden schlicht und ergreifend besser aussieht.

Zwischen Frau Satt und Frau Hunger existiert eine Art Zwischenwelt. Es ist der gefährliche Übergang. Auslöser für den

Übergang kann zum Beispiel der Geruch einer frischen Steinofenpizza sein oder die dritte Schokoladenwerbung in Folge. An schlechten Tagen reicht auch der Sonnenuntergang. Denn – und die Gründe dafür sind unerforscht – der Abend als solches läutet eigentlich täglich die Übergangsphase ein. Frau Satt hat das Zepter bei Tag, Frau Hunger übernimmt wie in einem Staffellauf zum Abend.
Und Frau Hunger ist böse! Frau Hunger ist unvernünftig, laut und maßlos. Ihr sind all die Vorsätze von Frau Satt piepegal.
Es ist, als ob die zwei sich gar nicht kennen. Wen interessiert denn Schlanksein? Schlank kann ja jeder! Und Frauen, die sich nur über ihre Figur definieren, sind sowieso alles eingebildete Zicken. Und dass Schlanke gesünder sind als Dicke, ist ja nun längst widerlegt! Frau Hunger möchte zwar nicht unbedingt dick sein, aber es ist ihr vollkommen egal, ob sie jetzt, hier und heute, schlank ist oder irgendwann anders. Warum?

- Weil das Leben zu kurz ist, um sich zu kasteien.
- Weil es mittlerweile ganz tolle Klamotten für Kurvige gibt.
- Weil es doch auf so viel mehr ankommt als auf die Figur.
- Weil man auch dick glücklich sein kann.

Und als wäre dieses schizophrene Verhalten nicht schon schlimm genug, wird das Ganze noch durch folgendes Paradoxon verstärkt: Frau Hunger taucht sogar im satten Zustand auf. Besonders gerne im übersatten. Denn dann kommt sie mit der »Jetzt ist ja eh alles wurst«-Ausrede um die Ecke. Frau Satt allerdings kommt niemals, *niemals* im hungrigen Modus!
Ich übertreibe nicht, wenn ich Ihnen sage, dass diese zwei

Damen seit über zwanzig Jahren in mir hausen. Ach, was sag ich: wüten!

Als sich diese beiden Persönlichkeiten in mir einnisteten, bekam Essen auf einmal eine Wertigkeit, die den Anfang vom Ende einläutete.

Hunger? Nö ...

Ich glaube, wenn wir immer nur dann essen würden, wenn wir Hunger hätten, und aufhören würden, wenn wir satt wären, gäbe es auf der Welt keinen dicken Menschen. Aber so einfach ist das eben nicht. Durch den Versuch, meine Oberschenkel zu halbieren, wurde von einem Moment auf den anderen alles anders. In meinem Kopf drehte sich plötzlich alles nur noch um ein Thema: Essen.
Wenn ich ganz ehrlich zu mir bin, muss ich zugeben, dass es in den vergangenen Jahren nur wenige Phasen gegeben hat, in denen ich mir keine Gedanken ums Essen gemacht habe. Stattdessen jeden Tag die gleiche Entscheidung: Hopp oder top. Sekt oder Selters. Alles oder nichts.
Falls Sie wissen wollen, mit welcher Methode ich mit dreizehn vorhatte abzunehmen – ich kann mich nicht mehr daran erinnern. Ich weiß nur noch, dass es nicht signifikant geklappt hat. Gott sei Dank. Denn wie gesagt, einen Grund hätte es auch eigentlich nicht gegeben.
Aber: Seit diesem Lebensjahr kann ich Ihnen bei jedem Foto von mir, bei jeder Filmaufnahme einen lückenlosen Gewichtsreport vorlegen. Zeigen Sie mir ein Bild, auf dem ich dreizehn, sechzehn, vierundzwanzig oder einunddreißig bin, dann weiß ich bis auf die dritte Stelle hinterm Komma exakt, was ich jeweils gewogen habe.
Und noch ein Paradoxon (es wird nicht das letzte sein): Ich weiß noch, dass ich mich, als jedes dieser Fotos oder Filmaufnahmen gemacht wurde, zu dick gefühlt habe. Und das,

obwohl ich es zu keinem dieser Zeitpunkte war. Von den Zeiten, in denen ich wirklich kräftig war, existieren nämlich kaum Fotos. Da war ich diejenige, die fotografiert hat. (Die letzten Jahre und die weniger schmeichelnden Pressebilder mal ausgenommen.)

Heute ärgere ich mich streckenweise über mich selbst. Dass ich damals nicht dankbarer war und ein so verzerrtes Selbstbild hatte ... Ich gehe aber mal davon aus, dass nicht nur ich unter diesem verzerrten Selbstbild litt. Ich war nicht allein damit, aber es fühlte sich so an. Dabei hatten wir damals nur die *Bravo* und Co., die die Ideale vorgaben, heute sind die Bilder von jungen und dünnen Frauen allgegenwärtig, und vor allem stärker bearbeitet.

Liebe Jugendliche, lasst euch an dieser Stelle gesagt sein: Ihr seid schöner, als ihr glaubt!

Applaus für die Dünnen!

Ganz ehrlich, wäre ich eine Dünne, ich wäre ja beleidigt. »Wir«, die wir von Zeit zu Zeit etwas zu viel mit uns herumtragen, werden weit über das gesunde Maß hinaus beklatscht, wenn wir (mal wieder) abnehmen. »Respekt!« – »Was für eine Leistung!« – »Toll, diese Disziplin!« Tatsächlich sind das Sätze, die ich (zurzeit) häufig höre.
Aber ganz ehrlich: Keiner beklatscht die immer Schlanken, die über Jahre hinweg ihre Figur halten. Also, wenn ich zu diesen Frauen gehören würde, wäre ich latent beleidigt. Ich kenne sie nicht persönlich, aber nehmen wir beispielsweise mal Ulrike von der Groeben. Für mich eine der schönsten Frauen im deutschen Fernsehen. Sie macht auf mich keinen verkniffenen oder unzufriedenen Eindruck, daher würde ich vermuten, dass sie dem Genuss offen gegenübersteht. Ulrike von der Groeben moderiert bei RTL Sport und Nachrichten, und das schon ein paar Jahre, und seitdem ist sie schlank. Dabei hat auch sie zwei Babys im Bauch gehabt. Und trotzdem: schlank!
Liebe Frau von der Groeben, und liebe alle anderen, ewig schlanken (und genussvollen) Frauen – von mir bekommt ihr Applaus! Denn die Tatsache, dass ich abgenommen habe, bedeutet ja gleichzeitig, dass ich vorher wieder zugenommen, sprich: keine Disziplin an den Tag gelegt hatte. Ihr kommt aber gar nicht erst in die Verlegenheit, zwanzig Kilo abnehmen zu müssen. Ich finde, das verdient viel größeren Respekt.

Ganz bewusst spreche ich von genussvollen Frauen, da ich auch viele Frauen erlebt habe, denen man den ewigen Genussverlust ansieht. Mein Geschmack ist das nicht. Aber jeder Jeck ist ja anders. Persönlich habe ich die Erfahrung gemacht, dass ich mit diesen immer disziplinierten, immer hungrigen Frauen auf keinen grünen Zweig komme. Wir gehen einfach nicht konform mit unseren Ansichten übers Dasein und über das Essen. Manchmal kommt es mir so vor, als würden sie über ihre schlanke Figur eine gewisse Überlegenheit zum Ausdruck bringen wollen. Mir als eher rundere Frau hat das das eine oder andere Mal das Leben schwer gemacht.

Aus beruflichen Gründen musste ich schon viele Geschäftsessen über mich ergehen lassen. Wobei Geschäfts*essen* vielleicht das falsche Wort ist. Denn außer mir hat meist keiner gegessen, sondern nur gestochert. Und während dieses Geschäftsstocherns meine ich aus den Augenwinkeln oft mitleidige oder leicht grinsende Gesichter gesehen zu haben. Wenigstens vermutete ich das. Und oft hatte ich das Gefühl, dass der unausgesprochene Satz: »Kein Wunder, dass die so aussieht«, im Raum schwang.

Immer schlank zu sein hat einen hohen Preis. Eine Schauspielerin sagte einmal: »Ich bin dreißig Jahre lang hungrig vom Tisch aufgestanden.« Hui, das ist schon heftig, oder? Auch dann hat Essen eine Wertigkeit bekommen, die es eigentlich gar nicht haben sollte.

Die Aussage: »Ich kann essen, was ich will, ich nehme nicht zu« – ich glaube, sie trifft nur auf die allerwenigsten Frauen zu. Bei den meisten stimmt sie nicht. Eine meiner liebsten Freundinnen, Geri, gehört aber wirklich zu den Menschen, die alles futtern können, ohne dass es ansetzt. Wenn ich sie nicht so lieben würde, würde ich sie dafür hassen. Es gab

Tage, an denen sie sich – ich war Zeuge dieser Aktion – Sahne in den Mund gesprüht hat, um nicht abzunehmen. Doch kurz nach der Geburt ihres ersten Kindes veränderte sich ihr Stoffwechsel. Sie wurde vom Essen auf einmal dick.
»Sei mir nicht böse, aber es tut mir *so* gut, dass du endlich mal einen dicken Hintern hast«, sagte ich ganz ehrlich zu ihr. Wenn man so gut befreundet ist, darf man das.
»Ganz ehrlich, Nicole, es ist das erste Mal in meinem Leben, dass ich diese Erfahrung mache, und es ist keine schöne.«
»Tja, wem sagst du das …«
»Würde ich das essen, was du vertilgst, ginge ich durch keine Tür mehr!«
Diese kurzfristige Stoffwechselverirrung währte allerdings nur ein paar Wochen. Plötzlich, wie aus dem Nichts, war meine Freundin wieder so rank und schlank wie eh und je. Und hatte Sprühsahne im Mund. Befreundet sind wir trotzdem noch. Man muss auch gönnen können.
Ich bin mir sicher, dass nur wenige Frauen zu diesen schlechten Futterverwertern gehören. Männer dieser Art habe ich allerdings schon öfter gesehen. Mit einem von ihnen lebe ich sogar zusammen. Es ist nicht leicht, glauben Sie mir.
In den meisten Fällen ist Schlanksein mit Arbeit verbunden. Und je älter wir werden, desto mehr Arbeit ist nötig.

Vegan – oder: Ich mag alles

Ich habe leider keinerlei Unverträglichkeiten. Leider deswegen, weil ich mir hin und wieder wünsche, dass zumindest *ein* Lebensmittel auf dem Index stehen würde. Dazu kommt: Ich mag auch noch alles. Alles, was ich einmal probiert habe. Früher konnte ich wenigstens Meeresfrüchte, Ingwer und Fenchel ausschließen. Inzwischen hat sich das geändert. Haben Sie mal in Butter geschwenkten Fenchel gegessen? Ein Gedicht, sag ich Ihnen.
Auch mag ich Süßes ebenso wie Herzhaftes. Am liebsten im Wechsel. Also erst das Leberwurstbrot, dann die Sachertorte. Oder erst die Tafel Schokolade und anschließend den Nudelauflauf. Übrigens: Es ist kein Zufall, dass in »Nudelauflauf« zweimal das Wort »laufen« vorkommt ...
Was ich jedoch tatsächlich nicht mag, ist Fast Food. Oder Fertiggerichte. Oder Dosenfutter. Ich koche immer frisch, immer gesund – schon der Kinder wegen –, und das mal mehr, mal weniger kalorisch. In den letzten Monaten nun mit weniger Butter, dafür mit Gemüsebrühe.
Es ist das Must-have aller Abnehmwütigen: Gemüsebrühe.
Da ich eben alles mag und alles vertrage, muss ich bei einer Diät eben auch auf alles verzichten – das dachte ich zumindest. Es gibt ja Frauen, die können sagen: »Wenn ich das Süße weglasse, sind meine überflüssigen Pfunde bald weg.« Andere wissen genau: »Das Glas Wein am Abend, das würde es schon bringen.« Andere fallen in Ohnmacht, wenn sie erfahren, dass auch das wirklich gute Olivenöl eine Kalorien-

bombe ist. Das war es bei mir persönlich alles nicht. Zumindest nicht im Einzelnen, sondern in der Kombination.
Wenn ich genieße, dann so richtig. Da gehört am Morgen ein Brötchen mit Butter genauso dazu wie das Stück (oder die Tafel) Schokolade zum Kaffee am Mittag und gerne auch die leckeren Oliven mit frischem Ciabatta am Abend. Nicht zu vergessen das Glas Wein. Daher lag es für mich nahe, einmal eine komplett neue Ernährungsvariante auszuprobieren. Weg von der alten Alles-Fresserei, hin zu einem ganz bewussten, ganz neuen Leben.
»Was liest du denn da?«, fragte mich mein Mann eines Abends beim Essen und zeigte auf das Buch, das neben mir auf dem Küchentisch lag.
»Das ist ein Buch über unseren zukünftigen Way of Life!«, antwortete ich fest entschlossen.
»Aha. Wohin führt uns dieser Weg denn dieses Mal?«, erwiderte er, mit einer Spur von Desinteresse. Er lachte mich zwar nicht aus, aber er gehört zu den Menschen, die nicht so kurzeuphorisch veranlagt sind wie ich. Meinen spontanen, weltbewegenden Ideen steht er doch eher mit einer ziemlichen Ruhe gegenüber.
»Nach Karneval werden wir vegan leben!«
Da blieb ihm doch glatt sein Frikadellchen im Hals stecken.
»Werden wir das?«
»Ja, Hase. Ich finde, wir sollten das mal versuchen.«
»Warum?«
»Aus mehreren Gründen. Zum einen, weil wir doch total tierlieb sind und ich nicht länger möchte, dass wegen uns Tiere umgebracht werden. Zum anderen, weil alle in diesem Buch hier berichten, wie gut es ihnen tut. Und nicht zuletzt deswegen, weil wir damit auch abnehmen werden. Also ich. Und dir könnten ein paar Pfund weniger auch nicht schaden.«

»Aber erst nach Karneval, oder?«, vergewisserte er sich, bevor er noch mal einen großen Bissen zu sich nahm.
»Genau. Das wird unser Fastenprojekt.«
Ich liebe Fastenprojekte. Irgendwie ist in der Fastenzeit die ganze Republik aufs Abnehmen und Verzichten getrimmt. So wie in der Weihnachtszeit gegessen wird, so wird in der Fastenzeit gefastet. Sozusagen als zweite Chance, um die vergessenen Neujahrsvorsätze doch noch umzusetzen. Letztes Jahr hatte ich für uns beschlossen, dass wir vierzig Tage lang keine Süßigkeiten essen, und das Jahr davor hatte ich für uns beschlossen, dass wir (also die Erwachsenen) nach 18 Uhr gar nichts mehr essen. Was mir jedes Mal in die Quere kam, war die Tatsache, dass die Fastenzeit vierzig Tage und nicht vierzig Stunden dauert. Bei vierzig Stunden hätte ich eine reale Chance gehabt, meine mir selbst auferlegten Ziele zu erreichen. Doch so sah die Realität so aus, dass aus 18 Uhr unterhalb der Woche 19 Uhr 30 wurde und am Wochenende 22 Uhr. Und die Süßigkeiten waren nur an den Tagen verboten, die mit einem »F« anfangen. Nach 23 Uhr.
Aber dieses Mal, da war ich mir sicher, würde alles anders werden. Denn dieses Mal wollte ich mit genügend Vorbereitung an die Sache gehen. Der Vegan-Papst schlechthin, Attila Hildmann, zog quasi bei uns ein, und ich las, sah und hörte alles, was mir von ihm in die Finger kam. Attila und ich waren auf einer Wellenlänge. Ich nickte stumm vor mich hin, wenn ich seine Zeilen in mich aufnahm, weil alles so logisch klang: Tierisches Essen macht uns krank. Und langsam und träge. Ja! Attila, wie recht du hast! Eigentlich war ich schon immer vegan. So tief in mir drin. Ich wusste es anscheinend nur noch nicht. Und mein Gott, wie lecker die Rezepte aussahen. Matcha-Tee! Köstlich! So schön grün. Anscheinend war ich auch nicht allein auf dem veganen Trip,

denn der Herr Attila rief zu einer Vierzig-Tage-Challenge auf. Wenn das nicht perfekt in die Fastenzeit passte.
Auf Facebook postete ich meine komplett neue Ausstattung, die ich mir damals zugelegt hatte. Dazu gehörten: diverse Sojaprodukte, Hirse, Vollkornmehl, Agavendicksaft, gefühlte 400 Kilo Zucchini, Tofu in allen erdenklichen Variationen, Amaranth, gepufftes Irgendwas und einen Spiralschneider: das Must-have der Veganer.
Allein mit den ganzen Sachen im Haus fühlte ich mich wie ein schlanker Vollblut-Veganer. Merklich schlanker war aber nur mein Geldbeutel geworden. Denn der ganze Kram hatte mich mehrere Hundert Euro gekostet. Madame kaufte ja im Bio-Reformhaus, und natürlich mussten es die großen Portionen sein. Sie sollten ja vierzig Tage, womöglich sogar sechs Wochen halten. Dazu hatte ich mir im Internet einen teuren Spezial-Matcha bestellt, der genauso aussah, wie er hieß. Und schmeckte.
Ich kürze die Sache mal ab.
Exakt 47,5 Stunden später versteigerte ich das nahezu unangerührte Starter-Set bei eBay.
Die Zucchini-Nudeln mit Räuchertofu, die man mir als Spaghetti Carbonara verkaufen wollte, hatten mir den Rest gegeben. Ich kenne Spaghetti Carbonara. Und das waren keine!
Nee, das ist nix für die Mutti.
Drei Monate später bekam ich die Diagnose Brustkrebs. Ich möchte nicht der Diät daran die Schuld geben, ich möchte es nur mal erwähnt haben.

Kleiderschrank: Best Friend oder Staatsfeind Nr. 1

Wenn alle Stricke reißen, wenn von heute auf morgen keiner mehr meine Bücher lesen will, wenn von Schlagfertigkeit, Resilienz und Abnehmen alle die Nase voll haben, wissen Sie, was ich dann machen könnte: Ich könnte eine Boutique aufmachen. Ad hoc könnte ich ein wunderschönes Damenbekleidungsgeschäft eröffnen:
Nicoles Modestübchen. Wir führen alles zwischen 38 und 48.
Ja, diese Größen finden Sie in meinem Kleiderschrank. In schlechten Phasen, also gewichtstechnisch schlechten Phasen, hatte ich einen Kleiderschrank, der aus allen Nähten platzte, wobei ich aber höchstens in eine Hose und in drei Oberteile hineinpasste. Die anderen Kleidungsstücke waren wie folgt sortiert:

- Passt bald wieder.
- Passt demnächst wieder.
- Passt vermutlich nie wieder.
- Passt ganz sicher nie wieder, aber ich kann es unmöglich wegtun.

Ehrlich, das war für mich immer das Frustrierendste. Diese eingeschränkte Kleiderauswahl, die man als Dickerchen so hat. Ich weigerte mich nämlich (meist), Klamotten jenseits von Größe 46 zu kaufen, weil ich fest davon überzeugt war, bald wieder eine 42 tragen zu können.

In meinem Kleiderschrank hängen (aktuell: hingen, denn das ist ja zurzeit nicht der Fall) eine Menge Teile, an denen noch das Etikett baumelte. Aus dem einfachen Grund, weil ich die Sachen nie anhatte.
Wissen Sie, warum?
Diese Teile hatte ich in der Stadt gesehen, da war ich gerade entweder am Trennen, Schlürfen oder Kalorienzählen, und da passten sie »fast«.
»Das kannst du ruhig mitnehmen, da passt du bald rein.« So sprach ich zu mir selbst, als ich in der Umkleidekabine stand und mich im Spiegel betrachtete. Tja, schade, da hatte ich mich wohl geirrt. Denn ab da musste das Gewicht wieder in die andere Richtung ausgeschlagen sein. Und das neu erstandene Teil rückte in weite Ferne (oder in die No-go-Area in meinem Kleiderschrank).
Erfahrungsgemäß brauchen Modetrends ungefähr drei, vier Jahre, bis sie bei mir ankommen. Und ist ein Trend bei mir angekommen, ist das ein sicheres Zeichen dafür, dass er längst wieder vorbei ist. Ich wollte (oder konnte) noch nie mit den neuesten Modetrends gehen, denn meist habe ich sie nicht verstanden. Ich bin nicht uninteressiert, was das betrifft, aber ich kann mich an kein einziges Bild von irgendeiner Modenschau erinnern, an kein einziges Model mit einem Kleid, bei dem ich dachte: Wow! Das möchte ich auch mal anziehen.
Im Gegenteil. Ich frage mich eigentlich immer: Wer zieht so was bitte wann an?
Aber das liegt an mir. Ganz eindeutig. Denn die Besucher von diesen Fashionshows sitzen immer wie gebannt auf ihren Stühlen und sind schwer angetan von den neuesten Kreationen. Dazu kommt, dass ich ein gespaltenes Verhältnis zu vielen von diesen Modeschöpfern habe. Ich empfinde sie

größtenteils als realitätsfern und teils sogar frauenverachtend. Ein Karl Lagerfeld mit seinen Äußerungen hat mir noch nie gutgetan. Nach keinem Interview, das ich von ihm gehört habe, konnte ich behaupten: »Hach, jetzt geht es mir aber besser mit meinem Selbstwertgefühl!« Und, sorry, sollte das nicht der Zweck von Mode sein? Dass man sich in ihr wohlfühlt und dass man das beim Tragen auch ausstrahlt? In letzter Konsequenz ist ein Kleidungsstück doch nur eine Hülle. Eine Hülle, die unsere Schokoladenseiten zum Vorschein bringen sollte. Und kein Dogmatismus, der uns ins Tal der Tränen führt.
Den einzigen Modeschöpfer, den ich gerne sehe und höre, ist *unser* Guido. Irgendwie hat man bei Guido Maria Kretschmer das Gefühl, dass er einer von uns ist. Das aber nur mal so am Rande …
Modenschauen und Fashion Weeks kommen mir oft wie eine konspirative Vereinigung der Dünnen und ganz Dünnen vor, die uns zu verstehen geben wollen: »Tja, schade. Jenseits der 36 wird das wohl heute nichts.« Und damit bereitet man mir, einer Frau mit einer (aktuellen) 40/42, ein ziemlich mieses Gefühl.
Diese Macht will ich der Mode aber nicht einräumen, daher beschäftige ich mich einfach nicht damit. (Übrigens, ich sage nur, wie der ganze Modewahn bei mir ankommt. Ich weiß natürlich nicht, ob das tatsächlich so ist.)
Das Modethema ist für füllgere Frauen ein leidiges Dauerthema. In meinen gewichtigsten Höchstzeiten benötigte ich eine 46/48. So, jetzt ist es raus! Konfektionsgröße 48. Ich weiß, da ist nach oben hin noch Luft, aber nach unten auch. Und als junge Frau, um die Mitte dreißig, da ist es nicht einfach, schöne Sachen in Größe 48 zu bekommen. Erst recht nicht, wenn sie als Bühnenoutfit herhalten sollen. Dabei bin

ich wirklich nicht übermäßig kompliziert und anspruchsvoll, was meine Outfit-Wünsche betrifft. Ich suchte damals nicht nach dem kleinen Schwarzen, auch nicht nach einem roten Rüschenkleid mit Schlitz, nein, ich hätte gern eine Hose mit Bluse, vorzugsweise mit einem Blazer gehabt. Qualitativ hochwertig, denn um billig zu kaufen, bin ich nicht reich genug. Mit »qualitativ hochwertig« meine ich jedoch nicht einen Blazer für 650 Euro.

Und da wurde es schon schwer: Schöne, hochwertige und bezahlbare Sachen in Größe 48 zu finden schien aussichtslos zu sein. Natürlich gibt es ein paar spezielle Online-Shops, aber ganz ehrlich, die allermeisten davon bedienten oft nur Klischees, und das fand ich furchtbar. Ein solches Klischee war zum Beispiel: Wer dick ist, hat sich praktisch zu kleiden. Wie bitte? Sollte ich fortan nur noch Säcke tragen? Oder dreiviertellange Hosen? *Dreiviertellange Hosen?* WTF?!

Liebe Modeschöpfer, ich weiß nicht, ob es Ihnen vielleicht entgangen ist, aber nur die allerwenigsten vollschlanken Frauen haben schlanke Fesseln. Ich für meinen Teil habe keine Knöchel, sondern Wöchel (das hat sich auch nach meiner Abnahme nicht geändert, ist wohl genetisch bedingt), und diese Wöchel möchten nicht ans Tageslicht. Und erst recht nicht in den Fokus. Ich finde Dreiviertelhosen also mit das Schlimmste, was es im Bereich Mode gibt, sie kommen direkt nach T-Shirts mit Bündchen. *Wenn ich das Wort schon höre ...*

Will man nun keine Dreiviertelhose anziehen, dann wird es auf dem Modemarkt schon eng! Richtig gute Jeans, das kann ich aus eigener Erfahrung empfehlen, gibt es von NYDJ. Die sind nicht unbedingt günstig, aber hier und da kann man sie reduziert bekommen. Sie sitzen toll und haben eine klasse Qualität.

Während meiner Abnahme war ich zwischendurch hier und da mal shoppen und konnte eine Kunstlederhose in einer kleinen Boutique ergattern. Tolles Teil. Vielleicht stehen Sie gerade nicht auf Kunstlederhosen, aber ich habe sie geliebt. Die kaufte ich in Größe 44. Dann wurde sie mir zu groß, und ich googelte die Firma, die sie hergestellt hatte, um sie mir eine Nummer kleiner zu bestellen. Marke: Junarose.
Google spuckte das Ergebnis sofort aus, und siehe da: Junarose entpuppte sich als eine Moppel-Marke, als Plus-Size-Marke. Meine Stimmung war augenblicklich im Keller.
Da stimmte doch was nicht mit dieser Modeindustrie. Diese besagte Firma führte ab Größe 40. Galt das schon als dick? Boah, Leute, echt … Musste man das überhaupt so herausstellen? Keine Frau stößt einen Jubelschrei aus, wenn sie weiß, dass sie in einem Übergrößen-Shop bestellt. Erst recht nicht nach einem Gewichtsverlust von achtzehn Kilogramm. Da wir aber diese verzerrte Bekleidungsindustrie nicht ändern können, müssen wir wohl unsere eigene Einstellung ihr gegenüber ändern. Dabei würde die Branche sich selbst einen Gefallen tun, ihre eigenen Maße mal zu überdenken. Denn während uns der Begriff »Plus Size« nun eindeutig suggeriert, dass wir etwas kräftiger gebaute Frauen weit über dem Durchschnitt liegen, so sieht der reale Durchschnitt völlig anders aus. Wir tragen nämlich im Schnitt Konfektionsgröße 42/44. Und wenn wir uns schon vergleichen wollen, dann bitte mit allen Frauen und nicht nur mit den Models. Und siehe da, meine Damen, 42/44 nimmt doch ein bisschen den Druck raus, oder? Klingt gleich nicht mehr so schlimm, wenn man weiß, dass man voll im Trend liegt.
Bleibt die Frage: Weshalb wird da bei den Textilherstellern ein solcher Murks gemacht? Warum passe ich bei ZARA immer noch nicht in XL rein, obwohl ich bei anderen Labels

Größe 40 trage? Manchmal habe ich den Verdacht, als wäre das alles Taktik, um uns Frauen kleinzuhalten. Nach dem Motto: »Die sollen bloß nicht über sich hinauswachsen.« Wer eine Moppel-Marke trägt, darf nicht auf falsche Gedanken kommen. Gaukelt man uns womöglich ein Ideal vor, damit wir stets im Selbstoptimierungswahn verharren?
Was genau ist überhaupt ein Ideal? Im Grunde bezeichnet dieses Wort einen Zustand, der mit der Realität meist wenig gemeinsam hat. Ein Ideal existiert nur in der Vorstellung. Folglich beinhaltet ein Ideal also nicht, wie wir gerne wären, eher weist es darauf hin, wie fast keiner ist. Und wenn das so ist – wo liegt denn das Problem? In uns oder in unserer falschen Vorstellung?
Warum will man uns in eine Ideal-Schablone pressen?
Und warum lassen wir uns pressen?
Ganz ehrlich: Wenn ZARA nicht in der Lage ist, für Frauen wie mich zu schneidern, haben sie mich als Kundin nicht verdient. Ha! Das haben sie jetzt davon. Und wenn eine Firma meint, so klein schneidern zu müssen, dass auf dem Etikett eine 48 (!) steht, liegt der Fehler zweifellos bei dem Hersteller, nicht bei mir.
Liebe Damen, machen wir uns frei von den Zwängen einer Industrie. Ich jedenfalls bin nicht mehr gewillt, dass ein Etikett Einfluss auf meine Laune hat. Das Etikett kann ich nicht ändern, meine Einstellung aber schon!
Abschließend muss ich leider sagen, dass ich nicht eine Marke gefunden habe, bei der ich, als ich Konfektionsgröße 48 hatte, gerne Sachen gekauft habe. H&M verweigere ich aus Prinzip. Ich kann mit dem Geruch der Kleidung nicht leben und aus meiner Erfahrung heraus auch mit der Qualität nicht. Im Online-Shop von Marina Rinaldi haben mir ein paar Sachen gefallen, aber die waren mir, mit Verlaub, zu teuer.

So habe ich dann sehr häufig zu Cardigans gegriffen. Die konnte man in den letzten Jahren in vielen Varianten bekommen, zudem lassen sie sich sehr schön kombinieren. Aber auch hier hätte ich mir von Herzen gern einen festen Anlaufpunkt gewünscht. Eine Marke, die an meiner Seite ist, mich begleitet und mich auch in Größe 48 noch chic aussehen lässt. Das muss doch möglich sein, oder nicht, liebe Designer? Es ist doch nur mehr Stoff!

Siebzehn Jahre und eine Zahnspange

»Ich fürchte, wir kommen mit einer Klammer nicht weiter!«
»Was soll das heißen?«
»Ich hatte die Hoffnung, wir kommen drum herum, aber ich denke, du musst operiert werden.«
Wir schreiben das Jahr 1999, und meine Mutter und ich sitzen beim Zahnarzt. Seit Menschengedenken trage ich eine (lose) Zahnspange, und jetzt, mit siebzehn, hatte ich die Hoffnung, sie endlich loszuwerden. Statt der lang ersehnten Befreiung deutete der Arzt aber nun etwas an, das ich so gar nicht nachvollziehen konnte: Mein Vorbiss sollte oder besser gesagt: müsste operativ behandelt werden.
Von Natur aus hatte ich einen Unterkiefer, der leicht vor dem Oberkiefer war. Als »Schumi-Kinn« ist Ihnen vielleicht eine solche Fehlstellung eher ein Begriff.
Das Problem am Vorbiss ist, dass die Zähne keinen richtigen Aufbiss haben und mit den Jahren herauswachsen können. Es fehlte mir also der richtige Biss. Außerdem litt ich unter schlimmen Rückenbeschwerden, die, so wurde mir später erklärt, ebenfalls von der Fehlstellung herrührten. Automatisch würde man nämlich eine korrigierende Schutzhaltung annehmen.
Nach langen intensiven Gesprächen, Zweitmeinungen, Untersuchungen und Röntgenaufnahmen riet man uns einstimmig zu dem doch sehr großen Eingriff. In dieser mehrstündigen OP sollte mir der Oberkiefer durchtrennt und ein paar

Millimeter weiter nach vorne gerückt werden. Klingt doof, und das war es auch.

Diese erschreckenden Infos habe ich in ihrer Menge einfach so hingenommen, recht nüchtern und tapfer, bis die Worte »feste Spangen« fielen.

»Waaaaaaaaaaaas?«

»Ja, die drei Monate vor der OP würden wir noch eine feste Zahnspange anbringen wollen.«

Die Gründe dafür wurden mir noch erklärt, aber ich hörte längst nicht mehr zu. Mit siebzehn eine feste Zahnspange, das war der absolute Super-GAU. Vor meinem inneren Auge sah ich, wie ich mich im Mund meines Schwarms verhakte. Ich sah aufgerissene Zungen und mitleidige Blicke meiner Klassenkameraden. Eine absolute Katastrophe! Aber sosehr ich protestiert hätte, es hätte nichts genutzt, es musste sein. Damals hatte man gerade durchsichtige, nahezu unsichtbare Brackets entwickelt und herausgebracht, und meine Eltern bezahlten diese aus eigener Tasche, damit ich nicht mit diesen silberfarbenen Beschlägen durch die Gegend laufen musste.

Warum erzähle ich Ihnen das?

Weil in meinem siebzehnjährigen Kopf damals Folgendes ablief: OP? *Soo* dick, da wirst du eine Vollnarkose haben müssen, die länger sein wird als üblich. Willst du das? Auf keinen Fall! Gut, dann musst du vorher noch abnehmen.

Ich redete mir ein, dass mein (nicht vorhandenes) Übergewicht Schuld an meinem vorzeitigen Ableben haben könne. Drei Monate hatte ich noch Zeit, und siehe, jetzt, da mein Leben quasi auf dem Spiel stand, funktionierte das mit dem Abnehmen problemlos. Ich war weit entfernt vom Dicksein, aber diese Einsicht gewann ich erst später. Damals gelang es mir noch, vor der Operation mit FdH acht Kilo loszuwerden.

Weiterer Motivator: mein Kieferorthopäde, der bei der OP mit anwesend sein sollte und *soo* unglaublich süß und nett war. Da mir klar war, dass ich nicht im Rollkragenpullover, sondern im Eva-Kostüm unter dem Messer liegen würde, unterstützte mich diese Vorstellung mental enorm. Ich war also eigentlich immer satt. Dass der Arzt vielleicht nur auf meine Zähne geachtet haben könnte, diese Möglichkeit erwog ich gar nicht erst.
Der Tag der Operation kam, und der Eingriff wurde um einiges schlimmer, als ich gedacht hatte. Immerhin: Danach war ich fast drei Monate lang nicht in der Lage, richtig etwas zu essen. Es waren die ersten und letzten drei Monate meines Lebens, in denen ich konsequent Diät hielt! Führt der Schlüssel zum Abnehmen über einen verdrahteten Mund? Ich weiß es nicht …

Schallgrenzen oder Schlüsselerlebnisse

Zutiefst bewundere ich Menschen, die sagen: »Ich muss dringend mal drei Kilo abnehmen!« Drei Kilo, zwei Kilo, selbst fünf Kilo – das bewegt sich für mich noch im Rahmen des »Haltens«. Und vor allem bleiben diese Menschen dran und warten nicht darauf, bis es vielleicht zehn Kilo sind. Würde ich diese Kunst beherrschen, würde es dieses Buch nicht geben.
Ich hatte immer Schallgrenzen. Oder Schlüsselerlebnisse.
So war es im Jahr 2004 zum Beispiel mal ein Foto. Ein Foto, auf dem ich mich gar nicht erkannte. Ich betrachtete es zusammen mit einer Freundin, und ich fragte dann: »Ui, wer ist das denn? Die ist mir auf der Party ja gar nicht aufgefallen.« (Es kann auch sein, dass ich mich nicht so diplomatisch, sondern um einiges unfreundlicher geäußert habe.)
Meine Freundin erwiderte nichts und guckte mich nur leicht verwundert an, als ob sie checken wolle, ob ich nicht gerade einen Scherz gemacht hätte. Hatte ich aber nicht. Ich erkannte mich tatsächlich selbst nicht wieder. Mein Spiegel zeigte mir ein anderes Bild von mir selbst.
Das löste dann auch einiges Nachdenken aus. So fiel mir auf, dass mein eigenes Spiegelbild merkwürdigerweise immer verzerrt gewesen war.
Wenn ich heute Fotos betrachte, auf denen ich siebzehn oder achtzehn war, dann denke ich wirklich: Was warst du doch für eine hübsche junge Frau. Dabei weiß ich noch genau,

dass ich mich niemals so gefühlt habe. Das lag vielleicht aber auch daran, dass diese inzwischen schon normal gewordenen Vergleiche, die ich zu anderen jungen Frauen anstellte, immer negativ ausfielen. Nahm ich meine Klassenkameradinnen unter die Lupe, dann kam ich mir immer anders vor als sie. Auch aus heutiger Sicht. Schon mit dreizehn hatte ich einen Busen und eine Taille, und mit vierzehn dachten meine Mitschüler oft, dass ich die Lehrerin sei. Ich war extrem weiblich.

Anstatt dass ich dumme Nuss das positiv gesehen hätte, fand ich es nur furchtbar. Als Jugendliche möchte man ja unter allen Umständen so sein wie die anderen. Lustig, denn im Erwachsenenalter tun wir oft viele Dinge, um uns von den anderen abzuheben und zu unterscheiden.

Ich habe mich also als junge, schlanke Frau nicht wirklich schön gefühlt und als moppelige Frau auch nicht so dick, wie ich es dann tatsächlich war. Ist doch verrückt, oder?

Nach diesem Foto mit der Unbekannten startete ich allerdings mal wieder irgendeine Diät. Der Auslöser war gleichsam ein Schlüsselerlebnis.

Andere Gründe für ein »So, jetzt ist aber Schluss!«-Verhalten waren zum Beispiel die Zahlen auf der Waage. Doch diese waren nicht ganz so brutal wie die Fotos, denn zum einen gab es durchaus Zeiten, in denen ich die Batterien aus der Waage entfernt hatte, und zum anderen konnte ich auf Zahlen relativ gelassen reagieren, da hatte ich immer eine passende Ausrede parat:

- Ach, du bist ja prä-menstrual!
- Ach, du bist ja post-menstrual!
- Ach, da hast du aber viel Wasser eingelagert!
- Ach, die Flip-Flops sind heute aber auch wieder schwer!

- Ach, die Waagen von heute sind noch nicht mal geeicht!
- Ach, Muskeln sind schwerer als Fett!

Sie sehen, ich hatte immer logische Erklärungen für die jeweiligen Zahlen. Fotos kommen da schon etwas brutaler daher, aber sie sind nichts im Vergleich zu dem brutalsten Realitätscheck der Welt: die Jeans ohne Stretch-Anteil. Die lügt nie!
Ich finde, es gibt kaum etwas Frustrierenderes als Klamotten, die einem zu eng geworden sind. Dann, wenn der Bauch über die Hose quillt oder der Blazer am Rücken so spannt, dass man auf keinen Fall einen Arm heben kann. Ist doch fies, oder? Zu enge Klamotten sind fies. Und wie unwohl habe ich mich gefühlt, als plötzlich rein gar nichts mehr passte. Irgendwie geschah das immer völlig plötzlich, kam auf einmal um die Ecke rum, und da stand man dann vor dem Spiegel und war so grantig, dass nur noch das Stück Schokolade tröstete. Und dann steckt man mitten in einem gemeinen Teufelskreis.

Der Detlef ...

Mensch, du siehst ja toll aus!«, sagte ich eines Morgens zu einer ganz lieben Mama aus dem Kindergarten.
»Danke«, erwiderte sie und lief ein bisschen rot an. »Wurde ja auch Zeit, dass die Schwangerschaftskilos mal weggehen.«
»Ach, der Kleine ist doch erst zwei. Meiner ist schon fünf, und schau mich an. Darf ich fragen, was du gemacht hast?«
»Na klar. Ich habe ›I make you sexy‹ ausprobiert und kam damit super zurecht.« Ich guckte sie wohl leicht irritiert an, denn sie ergänzte: »Das ist das Programm von Detlef D! Soost. Er hat selber ganz krass damit abgenommen.«
Sie glauben gar nicht, wie schnell ich zu Hause war und Google gelöchert habe. Wie gesagt, zu meiner Entschuldigung muss ich sagen: Ich bin kurz euphorisch und grenzenlos schnell für eine Sache zu begeistern.
An dieser Stelle will ich betonen: Ich möchte keiner Ernährungsweise oder Diät Schuld in die Schuhe schieben, wenn sie nicht bei mir funktioniert hat. Vielleicht, oder ganz sicher sogar, hat die eine oder andere Methode ihre Daseinsberechtigung. Ich kann hier aber nur meine ganz eigenen Erfahrungen wiedergeben. Mehr möchte ich auch gar nicht. Also: Weder Attila noch Detlef sind schuld an meinen Winkeärmchen, die Verantwortung dafür muss ich schon ganz alleine übernehmen.
Zurück zum lieben Detlef. Ich hatte ja nun gerade den lebenden Beweis für seine Genialität gesehen, und demzufolge rannten die Werbeversprechen auf seiner Homepage bei mir

offene Türen ein. Und diese zahlreichen Vorher-Nachher-Geschichten – ich *liiieebe* Vorher-Nachher-Geschichten!! Ich könnte mir den ganzen Tag lang welche durchlesen. Vorzugsweise mit einem leckeren Kakao und einer Abschieds-Tafel Schokolade auf der Couch.
Nachdem ich dann rund 400 »So-werde-ich-ganz-einfach-schlank-und-auch-noch-durchtrainiert«-Geschichten gelesen hatte, schloss ich das Super-Detlef-Abo ab. Für das zahle ich übrigens heute noch. Weil ich natürlich wieder dieses Premium-Gedöns gebucht habe.
Den größten Teil der Detlef-Ernährung habe ich wieder vergessen oder verdrängt, aber ich kann mich noch dunkel daran erinnern, dass ich in meinem Leben weder davor noch danach so viele Eier und Kichererbsen gegessen habe. Gerne auch in der Kombination: asiatisch angehauchte Kirchererbsen mit verlorenen Eiern.

Dabei wollte ich so gerne ein Butterbrot. Einfach nur ein leckeres Brot. Aber Detlef sagte »Nein«, stattdessen turnte er mir über den PC schweißtreibende Übungen zu. Beim ersten Mal fühlte ich mich ein bisschen veräppelt. Nach drei Liegestütze schwitzte Detlef, als habe er einen Marathon hinter sich. Eigentlich schwitzte er nur vom bloßen Muskelanspannen. Überhaupt hat er all seine Muskeln nur vom bloßen Anspannen. Böse ist der, der Hilfsmittel vermuten würde!
Also, langer Rede kurzer Sinn: Nach dem fünften Tag mit einem Champignon-Rührei-Frühstück war es (mal wieder) vorbei mit meiner Euphorie. Doch das nicht nur, weil ich mich nach Brot, Kartoffeln und Co. sehnte, sondern vor allem, weil mich meine Kräfte komplett verließen. Ich bekam ein richtiges Zittern und fühlte mich unglaublich schwach. Das stand in keiner Erfolgsgeschichte, die ich gelesen hatte.

In meiner Vorher-Nachher-Geschichte hätte stehen können: »Ich wurde schlank, weil mich meine Kräfte noch nicht mal mehr zum Kühlschrank trugen.«
Allerdings kann ich nicht ganz ausschließen, dass dieser Kräfteverlust psychosomatischer Natur war. Denn es fällt einem natürlich viel leichter, sich sein eigenes Scheitern mit dem mangelnden Vorteil für die Gesundheit zu begründen, als sich einzugestehen, dass man ohne Pasta nicht leben kann.
Lieber Detlef, nix für ungut, aber wir zwei kommen nicht zusammen!

Shake it, Baby!

Ein Strand. Ein weiter, wunderschöner Strand. An ihm läuft eine nicht minder schöne Frau. Sie läuft nicht wirklich, sie schwebt mehr. So in Zeitlupe. Und sie hat unbändigen Spaß dabei. In einem megatollen gelben Bikini. Die Rundungen sitzen zweifellos an der richtigen Stelle. Nennen wir es beim Namen: Ihre Brüste wackeln sehr appetitlich auf und nieder. Immer wieder. Neben ihr hechelt ein Hund. Der Laie möchte sagen: ein Mops. Kann aber auch eine Französische Bulldogge sein. Und schöne Frauen mit Hund, das hat sich mittlerweile herumgesprochen, wirken gleich noch sympathischer. Die Möpse hüpfen also freudig umher, während die wunderschöne, schlanke Frau am Strand weiter joggt. Die Nachkömmlinge von David Hasselhoff starren ihr hinterher. Sie sind geflasht von den Möpsen. Wer nicht?
Dazu hören wir eine tolle Liedzeile: »Everybody wants to love. Everybody, everybody wants to be loved …« Ja, wollen wir das denn nicht alle? Lieben und geliebt werden?
Eine freundliche Damenstimme holt mich aus meinen »Will-ich-auch«-Gedanken: »Für alle, die schon morgen eine Bikinifigur brauchen. Entdecken Sie das einzigartige Almased-Phänomen!« Hach, denke ich. Die Frau sieht so glücklich aus, während sie den köstlichen Brei trinkt. Das will ich auch. Und die Bikinifigur sowieso. Also, nix wie in den nächsten Drogeriemarkt, da bekommt man so was bestimmt.
»Entschuldigung«, flüstere ich der Verkäuferin zu, »führen Sie auch Almased?« Ich komme mir ein bisschen vor wie in

der Kondom-Werbung aus den Neunzigerjahren. Aber es ist mein Stamm-dm, und ich möchte nicht, dass einer mitbekommt, wie ich nach dem »Hilfsmittel« frage.
Die Verkäuferin erkennt meine Nöte sofort und führt mich diskret zu dem gewünschten Produkt.
Prima, die zwei Dosen sind im Angebot, für nur 32 Euro! Da nehme ich doch glatt beide, dachte ich bei mir. Gerade wollte ich sie in den Einkaufswagen legen, als ich von hinten hörte: »Halloo, meine Liebe!« Meine Nachbarin. Schnell und (wie ich fand) gekonnt griff ich zu dem Tee, der fast neben dem Wundermittel stand. Nach einem ewigen Small Talk war mir klar: Du musst das online kaufen. Hier kennt dich jeder!
Zwei Tage später, zwei Tage, in denen ich mich essenstechnisch noch verabschieden konnte mit allem, was dazugehört, wurde Almased per Post geliefert. Ich freute mich wie ein kleines Kind, sah ich doch die Schönheit am Strand noch vor mir.
»Entweder zur Mahlzeit – oder es ersetzt eine Mahlzeit ...«, las ich auf der Packung. Pah!, dachte ich, ich bin kein Freund von halben Sachen, entweder ich mache es richtig oder gar nicht. Ich ersetze natürlich *alle* Mahlzeiten durch dieses Pulver. Womöglich für immer! Das ist nur eine Frage des Willens.
»Mama? Was machst du da?«
»Einen Shake, mein Schatz.«
»Kann ich mal probieren?«, fragte mich mein damals vierjähriger Sohn.
»Nee, Max. Das ist nichts für Kinder.«
»Sieht aber voll lecker aus.«
»Ist es auch«, erwiderte ich und dachte im Stillen: Hoffentlich schmeckt es auch voll lecker.

»Kann ich mal riechen?«
»Na klar.«
Ich hielt Max den köstlichen, reichhaltigen Shake unter die Nase.
»Ich glaube, ich muss kotzen«, stieß er würgend aus, aber so wahrhaftig authentisch, dass ich ihn nicht einmal ermahnen konnte.
»Sagte ich doch, dass das nichts für Kinder ist.«
Dann nahm ich eine Duftprobe von dem Getränk, das mich die nächsten drei Wochen (mindestens!) morgens, mittags und abends begleiten sollte. Die Plörre roch für mich ein bisschen nach Erbrochenem. Mein Sohn hatte recht. Dazu schwamm das Öl, das ich laut Anweisung daruntergerührt hatte, oben auf der Plörre, und zwar eklig gelblich. Es hatte, wenn Sie mich fragen, eine Konsistenz von … Ich trau mich das kaum zu schreiben, weil es so eklig ist. Na ja, es sah aus wie das Zeugs, woraus Männer Babys machen. Jetzt ist es raus. Todesmutig trank ich dann einen Schluck – und kriegte es unmöglich herunter. Mein Mann trat in diesem Moment in die Küche und entdeckte mich mit vollen Backen am Herd, die weiß-gelbliche Masse lief mir aus dem Mundwinkel.
»Machst du 'ne Dschungel-Prüfung?«
Ja, das war die Almased-Geschichte.
Als wir fünf Jahre später umzogen, fand ich die zwei nahezu vollen Dosen in einer hintersten Schrankecke. Sie werden es nicht glauben, aber das Pulver hatte sich in keinster Form verändert. Nach fünf Jahren! Das sollte uns doch zu denken geben.
Ja, das ist eine wahre Geschichte, und ja, auch ich war so selten blöd, auf diesen (sorry!) Kack reinzufallen. Kann ich heute auch nicht mehr nachvollziehen, aber es war so.

Was mich tröstet: Ich war anscheinend nicht alleine. Die Firma, die Almased herstellt, um beim Beispiel zu bleiben, setzt jährlich Milliarden um. Ein paar Jahre davor noch war es Slim-Fast, wofür Harry Wijnvoord Werbung machte. Auch die sogenannten Formula-Diäten versprechen uns das Blaue vom Himmel. Und ja, Sie nehmen damit ab, aber warum: weil Sie eine negative Energiebilanz haben. Die Plörre hat um die 200 kcal pro Glas. Das sind natürlich weniger Kalorien, als in einem normalen Mittagessen stecken. Ergo nehmen Sie ab. Und ganz, ganz schnell auch wieder zu: Siehe Harry Wijnvoord. Oder eben ich.
Sie wissen das. Da erzähle ich Ihnen garantiert nichts Neues. Aber worauf ich eigentlich hinauswill, ist die subtile Art der Werbung. Mal abgesehen davon, dass man sich darüber streiten kann, ab wann wackelnde Brüste sexistisch sind, so finde ich in dem Mops-Spot die Songauswahl doch sehr bezeichnend. »Everybody wants to love. Everybody, everybody wants to be loved.« Jeder will lieben. Jeder will geliebt werden. Das aber, meine Damen, geht nur mit einer Bikinifigur. Und die bekommen Sie am schnellsten mit Almased! Haha!
Natürlich können wir weder die Produzenten solcher Werbespots noch die ganze Industrie ändern, aber wir können uns bewusst machen, wie hier unbewusst auf unsere Psyche und vor allem auf unseren Geldbeutel gezielt wird.
Wie gesagt: Almased macht einen Umsatz in Milliardenhöhe. Mit Plörre, die nach Sperma aussieht und nach Erbrochenem riecht. Denken Sie mal darüber nach!

»30 Kilo in 10 Tagen!«

Diese Überschrift haben wir alle schon mal gelesen, oder? Und wir wissen alle, dass es Quatsch ist, was da versprochen wird. Ich meine, ich habe mir die dreißig Kilo auch nicht in zehn Tagen angefuttert. Also, fünf Kilo schaffe ich in zehn Tagen, aber dreißig? Eher unwahrscheinlich. Derartige Versprechungen sind absoluter Mumpitz, und als normal denkende Frau fällt man nicht darauf rein.
»Sag mal, Schatz, war die Post schon da?«
»Ja.«
»Und?«
»Dein Päckchen liegt in der Küche!«
»Och, Hase. Warum sagst du denn nichts? Weißt du, wie dringend ich darauf warte«, murrte ich meinen Mann an, während ich mich von der Couch erhob und in die Küche eilte. Was mein unwissender Dreibeiner nicht wusste: Ich erwartete Post aus Brasilien. Jawohl! Ich hatte mir nämlich eine Geheimwaffe einfliegen lassen. Sicherheitshalber hatte ich dem werten Gatten nichts von dieser Anschaffung erzählt, ich wollte ihn mit einem brasilianischen Knackpo überraschen. In zehn Tagen. Bis dahin würde der nämlich mehr oder weniger von ganz allein entstanden sein! Das jedenfalls war mir versichert worden.
In dem heiß ersehnten Paket lagen aufwendig hergestellte Acai-Kapseln. Nachdem ich die Beschreibung im Internet gelesen hatte, war es für mich nicht mehr nachvollziehbar, wie ich ohne Acai-Kapseln auch nur einen einzigen glückli-

chen Tag hatte verleben können. Also bestellte ich das superduper Sonderangebot für 99 Euro! Damit sollte ich dreißig Tage auskommen.
Diese seltenen, schonend gereiften, vorsichtig geernteten und dann sorgsam gepressten Acai-Beeren stammen aus Brasilien. Und wenn man sich die Frauen dort so anschaut, dann müssen die Früchte einfach wirken.
Wahrscheinlich lag es mal wieder an meinen Genen, aber, meine Damen, ich bin tieftraurig, Ihnen mitteilen zu müssen, dass ich außer den 99 Euro nichts verloren habe.
Notiz an mich: Auf der Couch liegen und Chips mümmeln und dazu vier (ekelhafte) Pillen einwerfen führt nicht zum brasilianischen Knackpo. Welch eine Enttäuschung!
Wie gerne würde ich Ihnen sagen, dass dies die einzige Pille ist, die ich eingeworfen habe. Aber das wäre gelogen. Ja, auch ich habe zu diesen scheinbaren Wunderpillen gegriffen. Ja, auch ich habe schon Formoline L112 ausprobiert.
Im Jahr 2016 wurden laut Quintiles IMS, einem internationalen Marktforschungs- und Beratungsunternehmen, 11,8 Millionen Diätmittel und 5,3 Millionen Produkte zur Gewichtsreduzierung verkauft. Das Umsatzvolumen lag bei 96 Millionen Euro. In den Apotheken sind über 500 verschiedene Diätetika erhältlich, und davon ist kein einziges Nahrungsergänzungsmittel fundiert wissenschaftlich belegt. Gekauft werden sie aber alle. Auch von mir.
Unter anderem auch deswegen, weil ich immer noch so naiv bin zu denken: Ja, wenn es aber in einer Apotheke verkauft wird, dann muss es ja was Gutes sein!
Mensch, das ist doch erschreckend, oder?
Was man uns verkauft, ist die Illusion vom einfachen Abnehmen, ohne dafür irgendwie tätig werden zu müssen. Das zeigt ganz klar, worin unsere Bedürfnisse bestehen:

Wir möchten abnehmen.
Wir wissen, wie es geht.
Wir wissen, was wir dafür tun müssen.
Aber wir haben keine Lust, das alles tun zu müssen.
Aber wir möchten trotzdem abnehmen.
Ich antworte mal mit einem Zitat von Albert Einstein: »Die reinste Form des Wahnsinns ist es, alles beim Alten zu lassen und gleichzeitig zu hoffen, dass sich etwas ändert.«
Diese Wunder-Versprechungen kenne ich auch aus einem anderen Bereich. Als ich an Brustkrebs erkrankte und eine onkologische Patientin war, bekam ich hin und wieder Links von Wunderpflanzen und Wunderheilern zugemailt. Menschen, die aus Hoffnung oder aus Angst heraus agieren, sind leichte Opfer, äh, Kunden.
Es ist wohl nicht nötig, detailliert auf all die gesundheitsschädlichen Faktoren von Schlankheitspillen einzugehen. In regelmäßigen Abständen tauchen in der Presse immer wieder Warnhinweise auf. Ladys, lasst uns deshalb unseren Kopf anschalten! Es gilt: mehr verbrauchen, als wir essen. Punkt. Ohne Wundermittel. Ohne Pillen. Und wenn es denn sein muss, auch gerne ohne brasilianischen Knackpo!

Die wundersame Lösung

Sicherheitshalber packe ich hier, noch vor der Mitte des Buchs, ein Kapitel hin, das eher am Ende stehen müsste. Das Kapitel, in dem es darum geht, wie das mit dem Abnehmen wirklich funktioniert. Denn gerade spielt bei mir der Kopf mit, und außerdem habe ich im Moment mein historisches Tiefgewicht erreicht. Das kann sich ja schneller ändern, als mir lieb ist.
Was ist passiert? Warum ist es mir dieses Mal gelungen? Warum denke, hoffe, erbete ich mir, dass es die letzte große Abnahme in meinem Leben sein wird?
Das Gute am Schreiben ist, dass man wirklich reflektiert auf sich gucken muss. Und hierbei sind Erkenntnisse entstanden, die wirklich neu für mich waren.
Das Wissen ums Abnehmen hatte ich in jahrelanger harter Arbeit erlangt. Also, an der fachlichen Kompetenz mangelte es demnach seit geraumer Zeit nicht mehr. Ein Phänomen, von dem ich häufig höre: »Ich weiß ja, wie es geht, aber der Kopf spielt einfach nicht mit.«
Zweifellos: Wir wissen alle, wie es geht. Denn die Formel zum Abnehmen ist denkbar leicht. Achtung, Trommelwirbel und Tusch: Wenn wir mehr verbrauchen, als wir zu uns nehmen, nehmen wir ab. Punkt. Ende. Aus. Es geht um die negative Energiebilanz. Alles andere, was man uns verkaufen will, ist Quatsch.
Wie wir diese negative Energiebilanz jedoch erreichen, ist uns überlassen. Natürlich nehmen Sie mit Trennkost ab.

Wenn Sie den ganzen Kram getrennt voneinander essen, schmeckt es halt nicht. Ergo essen Sie weniger, ergo nehmen Sie ab.

Gleiches gilt für all diese schrecklichen Pulver, die ich zu mir genommen habe. Auch da haben wir eine hohe Energiedifferenz und nehmen ab. Das Abnehmen war auch nie mein größtes Problem. Die eigentliche Herausforderung kommt danach: das Halten. Wie kriege ich es hin, dass ich nicht wieder zunehme?

Mit dieser Erkenntnis, dass es um das Halten geht, kommt die Wahrheit recht simpel um die Ecke. Sie ist so simpel, dass es fast schon wieder wehtut: Soll nämlich etwas von Dauer sein, dann muss sich auch die Methode zur Dauer eignen. Abnehmpulver beinhalten vieles, aber mit Sicherheit sind sie nicht entwickelt worden, um bis in alle Ewigkeit verwendet zu werden. Gleiches gilt für alle klassischen Diäten. Sie haben bei mir immer prima geklappt, bis das blöde Leben als solches mir einen Strich durch die Rechnung machte. Jede Einladung, jede Feier warf mich raus aus meinem Vorhaben, und am nächsten Morgen wurde ich von Frau Hunger mit den Worten geweckt: »Jetzt ist es doch eh egal!«

Hauruck-Diäten konnte ich nach dieser Erfahrung knicken. Zwanzig bis dreißig Kilogramm, so meine ungefähre Vorstellung, waren eben ein doch recht langer Weg. (Wenn man nur zwei Kilogramm vor sich hat, um ins kurze kleine Schwarze zu passen, lasse ich mir diese Pulverdrinks ja gefallen, aber nicht bei einer so großen Strecke.)

Tag X

Auslöser des Versuchs Nummer 7 923 223 war eine große OP im Sommer 2017. Bei diesem Eingriff wurde mir mein Bauch in meine Brüste verpflanzt. Eigentlich der Traum einer jeden Frau. Meiner auch. Damit das möglich wird, müssen Sie aber erst Krebs gehabt haben. Und glauben Sie mir: Der Aufwand lohnt *nicht!*
Drei Monate vor der Operation bekam ich meinen Termin, und ähnlich wie knapp zwanzig Jahre zuvor, als es um meinen Kiefer und den richtigen Biss ging, dachte ich auch dieses Mal: Vor der OP musst du abnehmen! Wieder hatte ich Panik, dass mein Herz angesichts meines Gewichts einen langen Eingriff nicht schaffen würde.
»Du musst. Du musst. Du musst.«
Mit siebzehn funktionierte diese Methode super, mit fünfunddreißig leider nicht. Kein Gramm nahm ich in diesen drei Monaten ab. Immerhin hatte ich viel Sport gemacht, insbesondere Krafttraining. Als operationserfahrene Frau wusste ich, welche Kraftanstrengung die Zeit danach erfordert. Und bei einem Brustaufbau ging es mir vornehmlich um die eigenen Arme, da sie mit einem bewegungseingeschränkten Körper sehr viel würden stemmen müssen. Also ich hatte für meine Verhältnisse viel Kraft aufgebaut, aber leider kein Gewicht abgebaut. Bevor Sie jetzt rufen: »Muskeln sind schwerer als Fett!«, muss ich gleich sagen: Ja, das stimmt natürlich, aber bei dem eigenen Muskelzuwachs neigt man gerne dazu, ihn zu überschätzen. Besonders wir Frauen ...

Während ich also mit siebzehn das innere Teufelchen mit der »Du musst«-Strategie wunderbar ruhigstellen konnte, klappte es dieses Mal so gar nicht. Ganz im Gegenteil: Das Teufelchen wurde immer größer und kam mit sehr überzeugenden Argumenten an: *»Du arme Maus, schon wieder wirst du operiert. Dir bleibt aber auch nichts erspart. Dann gönn dir doch wenigstens was Leckeres!«*
Wer kann bei so einer schlüssigen Argumentation Nein sagen. Ich nicht.
Es kam, wie es kommen musste, am Tag meiner OP legte ich mich mit meinem persönlichen Höchstgewicht unters Messer. (Kein Buch, keine Gage, kein Druckmittel dieser Welt würde mich übrigens dazu bringen, mein Gewicht zu veröffentlichen. Sie können von mir alles haben, alles wissen, aber mein Gewicht, meine Damen, das ist topsecret.)
Der Tag X folgte dann ein paar Tage nach meiner Entlassung. Als ich mit diesem megaschlanken Bauch wieder zu Hause war und meinen Mann bat, ein Foto von mir zu machen …
Tja, was nutzt Ihnen ein megaschlanker Bauch, wenn der Rest einfach nicht dazupasst. Ich war unproportioniert. Das gefiel mir nicht. Gar nicht.
Aber was war dieses Mal anders?
Meine gesamte innere Einstellung.
Das fing damit an, dass ich mir keine Ziele mehr steckte. Das hatte ich früher immer getan, und das ein oder andere Mal klappte es dann auch. Aber jetzt wollte ich mir keine unrealistischen Ziele mehr stecken. Denn würde ich diese nicht erreichen, hätte ich nur wieder eine gute Ausrede, es sein zu lassen.
Klar war mir auch, dass ich so was von überhaupt keine Lust auf kasteien hatte. Mir war wichtig, dass ich alles mitnehmen konnte. Das ist meine grundsätzliche Einstellung: Ich will

alles mitnehmen, was mir das Leben bietet. Das Leben ist zu kurz für Verzicht. Aber es ist auch zu kurz, um sich in seinem Körper nicht grenzenlos wohlzufühlen.
Früher handhabte ich es so: Machte ich gerade eine Diät und stand eine Einladung an, eine Feier, oder gab es Feiertage oder wurden Ausflüge geplant (sprich: das Leben als solches), dann machte ich um diese Dinge ein wahnsinniges Bohei. Zu Zeiten, in denen ich bei den Weight Watchers war, sparte ich Punkte auf, zu Trennkost-Zeiten trennte ich im Voraus auf Biegen und Brechen. Zu diversen Ausflügen nahm ich mir separate, selbst gekochte Mahlzeiten mit, und auf den meisten Partys trank und aß ich nichts. Nicht selten mit dem Ergebnis, dass ich dann spätnachts, wieder zu Hause, den Kühlschrank plünderte. Applaus!
Nein, das wollte ich nicht mehr.
Das ist so eine Krebs-Konsequenz. Ich will mir durch nichts und niemanden, auch durch keine Diät dieser Welt, die Lebensfreude nehmen lassen! Und daraus resultierte: Sekt oder Selters? Ich entschied mich für beides!
Ich glaube, der goldene Mittelweg war dieses Mal die entscheidende Komponente. War ich komplett Herrin über meinen Speiseplan, war ich auch wirklich konsequent. Am Anfang schrieb ich mir auch alles auf – um mir einen Überblick und Kontrolle zu verschaffen. Ich aß nichts Süßes zwischendurch und all den ganzen anderen Kram, von dem ich Ihnen später noch erzähle. Aber ich bin, über das Jahr betrachtet, ganz selten Herrin über meinen Speiseplan. Bei weit über 150 Auftritten macht das umgerechnet mindestens 150 Tage, die ich über das Jahr verteilt außer Haus esse. Sei es allein oder in der Gruppe. Im Hotel oder unterwegs, auf Messen, backstage oder im Auto oder Flieger. Und das wusste ich von vornherein.

Als ich im August 2017 mit dem Abnehmen anfing, blieben mir exakt vier Wochen, bevor meine nächste Tour losging. Früher hätte ich es wahrscheinlich so gemacht: Vier Wochen, da gucken wir doch mal, mit welcher Methode ich am schnellsten Gewicht verliere. Und das bedeutete im Umkehrschluss: vier Wochen Verzicht. Auf welche Weise auch immer.

Dazu hatte ich keine Lust mehr! Das waren vier Wochen Lebenszeit. Die waren mir viel zu kostbar. Außerdem – und auch das war neu – wollte ich dem Essen nicht mehr so viel Mitbestimmung über mich geben, wie ich es einst zugelassen hatte.

Also entschloss ich mich zu der Sekt-und-Selters-Variante. Und dadurch, dass ich mir von Beginn an nichts verboten habe und nicht so streng mit mir war, verband ich Feiern oder Einladungen auch nicht mehr mit diesem »Oh, endlich kann ich was essen«-Gefühl.

Keine Party, keine Feier brachten mich raus aus meinem Konzept. Am nächsten Tag ging es einfach weiter.

Wenn der kleine Hunger kommt

Klingt so einfach, nicht wahr? Ist es natürlich nicht. Und schon gar nicht sind es die ersten Tage. Denn die sind für mich immer wie eine Art Entzug.
Hunger ist etwas Grässliches. Hunger lässt einen keinen klaren Gedanken mehr fassen. Diesen Satz habe ich mal von meiner Oma gehört. Denn wenn wir ehrlich sind: Ich glaube nicht, dass einer von uns noch richtigen Hunger kennt. Gott sei Dank! Wir kennen alle höchstens nur Appetit. Sicher auch starken Appetit, aber richtigen Hunger? Das wage ich zu bezweifeln. Ich habe ihn nie wirklich gespürt.
Haben Sie sich schon mal überlegt, mit welchen Gefühlen Sie den Begriff »Hunger« belegt haben? Gehe ich nur von mir aus, verbinde ich mit diesem Wort:

ALARMSTUFE ROT! SOFORTIGE NAHRUNGSAUFNAHME! GEFAHR, GEFAHR, GEFAHR!

Hunger gilt es in meinem Kopf unbedingt zu vermeiden.
Meine Mutter hat vor über zehn Jahren mal einen Nichtraucher-Kurs gemacht. Damals fragte sie die Leiterin:
»Was passiert eigentlich, wenn Sie nicht rauchen?«
»Dann werde ich hibbelig.«
»Und was ist dann?«
»Äh, ja, danach …«, fing meine Mutter an zu überlegen.
»Was passiert, wenn Sie nicht rauchen?« Die Kursleiterin insistierte auf eine Antwort.

»Weiß ich jetzt auch nicht«, erwiderte meine Mutter, inzwischen schon leicht genervt.
»Doch, Sie wissen das. Was passiert, wenn Sie nicht rauchen?«
Nach einer langen Pause sagte meine Mutter: »Vielleicht nichts?«
»Genau.«
Sie rührte nach diesem Seminar nie wieder eine Zigarette an. Diese Szene kam mir damals, im August 2017, wieder in den Sinn, nur auf den Hunger bezogen.
»Was passiert eigentlich, wenn ich Hunger bekomme?«
Streng genommen wusste ich es tatsächlich nicht, weil ich ihn ja vorher im Keim erstickte.
Ich dachte weiter: Vielleicht stimmt es also gar nicht, dass Hunger – oder nennen wir es Appetit – ein schlechtes Gefühl ist. Vielleicht habe ich es einfach nur falsch konditioniert. Vielleicht ist es in Wirklichkeit mit einem ganz tollen Empfinden verbunden. Fakt ist, du könntest das ja mal ausprobieren. Lass ihn einfach kommen, den Appetit, und dann guck mal, wie sich das anfühlt.
Ich verrate Ihnen etwas: Das ist nichts, wovor wir Angst haben müssen. Appetit zu haben ist kein schlechtes Gefühl, und demzufolge ist es auch kein Gefühl, das es sofort zu bekämpfen gilt.
Ich glaube, dass dieses Paradoxon vielleicht in vielen Köpfen verankert ist. Wir haben uns einfach angewöhnt, auf einen bestimmten Reiz (Hunger, Appetit) mit einer (negativen) Antwort zu reagieren. Und das wiederum hängt meiner Meinung nach mit diesen schlimmen, wirklich schlimmen Diät-Erfahrungen zusammen, die wir Frauen, die abnehmen wollen, über die Jahre gesammelt haben.
In den Neunzigerjahren ging es bei den meisten Diäten vordergründig ums Hungern. Wer hungerte, war in, und hatte

man Hunger, verlor man auch an Gewicht. So doof das Gefühl auch war, man wusste zumindest, im Kontext einer Diät fühlte es sich richtig an.

Dann traten irgendwann vollkommen neue medizinische Erkenntnisse auf den Plan. Man könnte sie so übersetzen: Der Ofen muss brennen! Anders gesagt: Wer seinen Körper auf Sparflamme hält, gaukelt ihm vor, es wäre Krieg. Und dann hortet der Körper alles, was man ihm zuführt. Auf einmal also war man während einer Diät voll im Trend, wenn man satt war. Das war der Trend, mit dem ich aufgewachsen bin. Bei mir blieb hängen: Wer hungert, nimmt nicht ab. Nur wer dem Ofen Brennholz gibt, der verbrennt auch.

Glanz gleich, wie Sie konditioniert sind, ob Sie auf dem »Ich nehme doch nur ab, wenn ich Hunger habe!«-Trip sind oder auf dem »Iss besser noch was, bevor du in den Sparflamme-Modus gehst« – beides führt dazu, dass wir unserem eigentlichen Hunger gar keine Möglichkeit mehr geben, zu uns zu sprechen.

Ich erwähnte es schon: Wenn wir nur dann essen, wenn wir hungrig sind, und aufhören, wenn wir satt sind, ist der Drops gelutscht.

Damit hatte ich mir eine völlig neue Ausgangsbasis gelegt. Meine falsche Konditionierung versuchte ich abzulegen, auf null zu setzen, und gleichzeitig den Hunger mit einem neuen Gefühl zu belegen. Okay, das war die Theorie. Nur, wenn ich das alles so genau weiß, warum zum Teufel trug ich zwischenzeitlich zwischen Größe 46 und 48?

Das kann ich Ihnen sehr genau sagen: weil es circa sieben Millionen Gründe gibt, warum man isst. Und dabei geht es nicht immer um den Hunger an sich.

Frust

Der Frustesser. Jeder kennt ihn, zuhauf wurde er medial thematisiert. Aber gucken wir doch mal genauer hin. Ich persönlich würde nicht von mir behaupten, dass ich in meinem Leben viel Frust hatte. Wenn ich zugenommen hatte, ja, dann schon. Aber dann ist die Frage, was war zuerst da? Die Zunahme oder der Frust? Ich glaube, es ist ein Kopf-an-Kopf-Rennen.

Ich kann mich noch sehr gut an einen Tag erinnern, als ich eine Einladung zu einer wirklich tollen Gala erhielt. Es war keine von diesen Chichi-Veranstaltungen, sondern ein Abend, der von einem wirklich grandiosen Gastgeber organisiert wurde, mit einem sinnvollen Hintergrund. Ich freute mich sehr über diese Einladung. Bis ich zu der wichtigen Frage kam: Was ziehe ich an?

Ich habe tolle Sachen, so ist es nicht. Aber nichts, rein gar nichts davon passte. In meinem schwarzen Wickelkleid, so ein Klassiker von mir, sah ich aus wie eine Leberwurst kurz vorm Platzen. Und mein anderes schickes Kleid bekam ich erst gar nicht über den Po, auch über den Kopf ging es nicht. Nur wenn ich kräftig zog, doch dann hätte ich es nicht zumachen können.

»Stimmt was nicht?« Mein Mann versuchte eine Konversation, denn er hatte gemerkt, dass meine Stimmung merklich auf den Nullpunkt zusteuerte.

»Alles super«, raunte ich ihn so barsch an, dass er raus in den Garten ging, um den Rasen zu mähen.

Alles super! Außer dass deine Frau so ekelhaft fett ist, dass es nichts, aber auch gar nichts für sie zum Anziehen gibt und sie diese Gala absagen muss.
Noch heute spüre ich diesen tiefen Frust in mir.
»Ich bin mal eben weg«, rief ich ihm zu, als ich das Haus verließ.
Ich hatte einen Plan. Hatten sich alle Kleidungsstücke aus meinem Schrank gegen mich verschworen, brauchte ich halt neue Klamotten.
Mit getrockneten Tränen fuhr ich in ein Shoppingcenter. Und hier nahm das Elend seinen Lauf. Mal abgesehen davon, dass man im Frühjahr nur schwer Abendgarderobe bekommt, war dieser Tag tatsächlich an Frustration kaum zu überbieten.
Ich startete meine Suche bei Peek & Cloppenburg. Hier gab es eine großartige Auswahl. Tolle Sachen. Bezaubernde Kleider, hübsche Jumpsuits, klassische Hosenanzüge. Ich nahm alles mit in die Kabine, was ungefähr in der Nähe meiner Größe war.
Hatten Sie schon mal eine Panikattacke in einer Umkleidekabine, weil Sie in einem Kleid feststeckten? Keine schöne Sache, sag ich Ihnen. Das Unterfutter – nennt man das so? – war das Problem. Das gab nämlich 0,0 Millimeter nach, rutschte also nicht im Geringsten über den Kopf. So gar nicht. Erst nach dreiundzwanzig Minuten Luftnot hatte ich endlich meine Freiheit wieder. Fluchtartig verließ ich den Laden.
In Schweiß gebadet und mit noch mehr Frust als vorher, ging ich weiter zu Kaufhof. Gleiches Spiel. Marken wie Esprit und Konsorten sparte ich mir, von Mango mal ganz abgesehen. Und dann ging ich zu ... ich mag es kaum aussprechen ... na ja, ich ging zu Ulla.

Dass die Verkäuferin mich nett begrüßte, gab mir fast den Rest. Lieber wäre mir gewesen, sie hätte gesagt: »Sie müssen sich in der Tür vertan haben. Wir führen ausschließlich Übergröße, also, für Sie haben wir nichts!« Stattdessen fragte sie mich: »Wie kann ich Ihnen helfen?«
Und das Elend ging weiter, als ich ihr mein Vorhaben erklärte. Die Verkäuferin suchte mir etwas raus, und das – ich konnte es kaum glauben – passte auch noch perfekt! Bei Ulla! Mir! Ich habe es nicht gekauft! Aus Prinzip. Das kam nicht infrage.
Als Nächstes ging ich zu Basler oder Adler oder Taifun. Fragen Sie mich nicht. Ich habe überhaupt nichts gegen diese Marken, auch nichts gegen die gute Ulla. Aber es macht einen Unterschied, ob ich dort hingehe, weil ich ein schönes Teil entdeckt habe oder weil ich dahin *muss,* weil in allen anderen Geschäften der Reißverschluss in die Knie geht.
In meiner Not kaufte ich mir schließlich eine weite dunkelblaue Hose, fließend und sehr schick. Also für eine Achtzigjährige. Zu Ihrer Information: Ich habe sie nicht genommen, weil ich sie hübsch fand, ich habe sie gekauft, weil sie gepasst hat!
Was war ich gefrustet. Den Tränen nahe. Trösten konnte mich dann nur ein Paar Schuhe, denn Schuhe sind eigentlich nie böse. Und wenn doch, kommt Best Buddy Nr. 2: die Handtasche, gefolgt von Parfüm oder Schmuck.
Jetzt müsste man doch denken: Tja, Mädel, das hast du von deiner Fresserei. Hoffentlich war das so heilsam, dass du ab jetzt die Reißleine ziehst.
Nun ja, so ähnlich.
Im Auto schmiedete ich natürlich Pläne, entwarf Sportpläne, Essenspläne, Abnehmpläne. Beschloss: So geht es nicht mehr weiter. Jetzt ist Schluss!

Zu Hause angekommen, roch ich frisch gekochten Kaffee, und mein Mann gönnte sich dazu ein paar Doppelkekse. Muss ich mehr sagen? In meinem Hirn wurde sofort ein Schalter umgelegt: Du hast nichts Schönes zum Anziehen gefunden, und wenn man dir jetzt die Kekse nimmt, was hast du denn dann noch vom Leben?

Belohnung

»Die Einladung heute passt mir eigentlich so gar nicht in den Kram.«
»Mmhh«, gab mein Mann von sich. Er wusste, auf was ich anspielte. Ich war mal wieder auf Diät, und am Freitagabend waren wir bei Freunden zu einer Party eingeladen. Heute, ich erwähnte es schon im vorgezogenen Kapitel, würde ich das alles anders angehen, aber damals war es noch so, dass ich mir von meiner Diät Abende »nehmen« ließ.
Gehe ich heute auf eine Feier, freue ich mich grenzenlos darauf. Bei Einladungen, wo ich mich nicht freue, sage ich schon im Vorfeld ab. Heute kann mir nichts und niemand auf der Welt mehr einen schönen Abend vermiesen. Erst recht keine Diät. Aber damals, ich hatte noch keine Kinder, daher ist es schon Jahre her, hatte es sich so zugetragen.
Was ich meinem Mann zugutehalte: Nie hat er mich in solchen Diätmomenten für bekloppt erklärt. Obwohl er wirklich allen Grund dazu gehabt hätte. Er hat auch nicht gewertet oder mir reingeredet. Er hat mein Verhalten jedes Mal schlicht mit seinem »Mmhh« zur Kenntnis genommen.
»Jetzt bin ich gerade so schön drin. Aber okay, ich esse und trinke dann eben nichts.«
»Mmhh«, wiederholte er und dachte wahrscheinlich für sich: Juhu, damit ist die »Wer fährt?«-Frage ja geklärt.
Der besagte Abend kam, und ich fühlte mich in dem – was auch immer ich anhatte – zu fett. Die Party war großartig, sogar mit Live-Musik! Mein Mann und ich tanzten, und ich

hätte alles, wirklich alles für ein leckeres Kölsch gegeben. Oder ein Spießbratenbrötchen. Oder am besten beides. Aber ich riss mich zusammen und hatte auch so einen schönen Abend, wenngleich mit Einschränkungen. Gegen 22 Uhr gingen die Gäste, die Alkohol tranken, in eine andere Welt. Als ob sie mir zugewunken hätten: »Tschöö, wir sind dann mal weg! Und du bleibst hier.«
Ja, natürlich, ich kann auch ohne Alkohol Spaß haben. Wirklich. Habe ich schon zur Genüge gehabt und bewiesen. Aber mit seinen besten Freunden einen Abend lang blöd rumlachen und albern sein, das ist, wenn man als Einzige nüchtern bleibt, doch sehr schwer. Für mich war es jedenfalls sehr schwer.
Irgendwann fuhren wir heim, und im Auto war ich unglaublich stolz auf mich. »Alles Willenskraft! Was bist du stark…«, redete ich mir ein, während mein Ehemann rechts von mir schnarchende Geräusche von sich gab.
Als wir zu Hause angekommen waren, legte sich der Herr ohne Umschweife direkt ins Bett, während ich noch etwas in der Küche trinken wollte. FEHLER! RIESENFEHLER! Mit dem Öffnen des Kühlschranks legte sich gleichsam automatisch ein Schalter in meinem Kopf um. Gedacht habe ich nicht mehr viel. Es ging alles so schnell. Die Tafel Schokolade war zur falschen Zeit am falschen Ort. Ich musste sie vernichten. Weil ich mich für meine Disziplin belohnen wollte. Und die Sachen, die man im Dunkeln isst, zählen ja eh nicht. Am nächsten Morgen waren alle guten Vorsätze wieder dahin.
Ich würde jetzt gerne sagen, dass dieses total bescheuerte Verhalten die Ausnahme war, aber leider wäre das gelogen.
Was steckt hinter so einem Verhalten?
Für eine genaue Analyse müsste man wohl mal einen Tiefen-

psychologen befragen. Fakt ist, wir essen aus den unterschiedlichsten Gründen. Und sich belohnen zu wollen ist einer davon. Im Gehirn gibt es dafür sogar einen bestimmten Ort, das Belohnungszentrum. Leider will es, hat es mal was Leckeres bekommen, immer wieder in Gang gesetzt werden. Ein Nimmersatt.
Auch ich wollte mich oft belohnen:

- Für Tage, an denen es beruflich nicht rundgelaufen ist.
- Für Tage, an denen es beruflich super gelaufen ist.
- Nach stressigen Tagen.
- Nach langweiligen Tagen.
- Weil es regnete.
- Weil die Sonne schien.

Gründe gab es viele, aber richtigen Hunger eigentlich nie.

Freude

»Du glaubst es nicht! Ich habe tatsächlich von Verlagen eine Antwort bekommen.«
»Das ist ja großartig. Und was schreiben sie so?«
»Drei haben mir sogar schon ein Angebot geschickt. Ich kann das kaum glauben. Ich freue mich so sehr. Komm, wir gehen zu unserem Lieblingsitaliener und essen was Gutes!«

»Und, wie war der Termin? Haben wir den Auftrag?«
»Ja, Chef! Der Vertrag ist unterschrieben, für ein ganzes Jahr.«
»Nicht dein Ernst, oder?«
»Doch! Ich freue mich so unglaublich! Was hältst du davon, wenn du das Team heute Abend zum Essen einlädst?«

»Hase, du wirst Papa!«
»Nein? So schnell hat es geklappt?«
»Ja! Ist das nicht irre. Ich freue mich so doll. Was hältst du davon, wenn ich uns was Leckeres koche?«

»Ach, heute ist Dienstag. Was ein schöner Tag für ein sagenhaftes Frühstück.«

»Habt ihr gesehen? Die Sonne scheint. Toll! Darauf ein Stück Schokolade!«

Muss ich noch mehr von diesen Momenten aufschreiben? Grenzenlose Freude (und manchmal reichte sogar nur ein

wenig Freude) hat mich schon zum Essen gebracht. Hunger brauchte es dafür nicht, einzig ein schönes Erlebnis! Und wenn ich mir die Waage so anschaue, gab es davon (Gott sei Dank) genug.
Ein wohliges Gefühl löste bei mir den Wunsch aus, etwas Leckeres zu essen, und ein gutes Essen löste wiederum ein wohliges Gefühl aus. Ach Quark, das tut es immer noch.
Guckte ich zum Beispiel als Kind samstagabends mit meinen Eltern »Wetten, dass ...?«, hieß es davor: »Komm, mein Muckel. Erst schön baden und dann im Bademantel auf die Couch. Danach machen wir es uns gemütlich.« Und *gemütlich* inkludierte Salzstangen und ein bisschen Schokolade. Einen Apfel nicht.
Ha, wobei das nicht so stimmt: Apfel und Schokolade sind eine super Sache.
Auf jeden Fall gab es keine Paprika oder so.
Also, kommen Sie mir nicht damit: Mit Rohkost ist es nicht gemütlich! Versuchen Sie nicht, mir das weiszumachen. Auch heute noch gehören zum Adventskaffee ein paar Kerzen, ein herrlicher Duft, schöne Musik und natürlich Plätzchen. Wer stellt da klein geschnippelte Möhren auf den Tisch! BAH! Das passt schon farblich nicht.
In meinem Gehirn liegen Gemütlichkeit und Essen ziemlich nah beieinander. Das möchte ich auch keineswegs abstellen. Ich kann mir ein Leben ohne Plätzchen nicht vorstellen.
Vor nicht allzu langer Zeit war in einer Talkshow die Moderatorin Anastasia Zampounidis zu Gast, und sie berichtete über ihr spaßfreies, äh, sorry, zuckerfreies Leben. Anastasia Zampounidis ist eine wunderschöne Frau. Sie geht auf die fünfzig zu, und Sie würden mich vermutlich, die ich erst Mitte dreißig bin, für älter halten als sie. Auf nicht unglaubwürdige Art und Weise wollte sie mir – und allen anderen

Zuschauern – verklickern, dass ein Leben ohne Zucker großartig sei. Sie wirkte absolut nicht unzufrieden oder vergrämt. Ich beneidete sie dafür, dass sie es sich anscheinend bei einer Tasse Tee gemütlich machen kann, mit nichts weiter als ein paar gedörrten Früchten. Ich kann das nicht. Falsch: Ich will das nicht.

Aber da ist sie wieder, die grundsätzliche Einstellung, die jeder für sich entwickelt. Ich möchte das Leben mit all seinen Facetten genießen und auf nichts verzichten. Bei mir bleiben diese Gemütlichkeitsfaktoren, und ich esse von diesen Dingen entweder in Maßen. Oder auch mal nichts. Oder das komplette Programm. Geht auch.

Ausnahme:
Angst

Es gab in meinem Leben erst eine einzige Gefühlslage, die mir auf den Magen schlug: Todesangst. In den ersten beiden Wochen nach der Diagnose Krebs nahm ich mehrere Kilo ab. Wie viele genau, weiß ich nicht mehr. Ich konnte einfach nichts runterkriegen, weil ich einen so dicken Kloß im Hals hatte, der jegliches Bedürfnis nach Essen zunichtegemacht hatte. Essen interessierte mich auf einmal nicht mehr. Das erste Mal in meinem Leben wurde mir bewusst, wie wurscht es sein kann. Ganz ehrlich: Ich kämpfe lieber um 100 Gramm, als dass ich diese Blitzdiät wiederholen möchte.
Sehen Sie es positiv: Solange Sie einen gesunden Appetit und Lust aufs Essen haben, so lange haben Sie zumindest keine Todesangst.
Meine Mutter nahm in den ersten zwei Monaten nach meiner Diagnose weit über zwanzig Kilogramm ab. Das Gewicht fiel quasi von ihr ab. Hat keinen von uns interessiert. Erst heute, wenn ich Fotos von damals anschaue, sehe ich eine schlanke Frau, aber vor allem sehe ich die tiefen Sorgenfalten in ihrem Gesicht. Schlank sein um jeden Preis ist blöd! Saublöd!

Wenn Hunger nicht das Problem ist, dann ist Essen nicht die Lösung

Die Erkenntnis, dass ich Essen nicht nur zum Hungerstillen gebraucht habe, hat eine gute und eine schlechte Seite.
Die schlechte Seite: Irgendetwas scheint mir gefehlt zu haben. Irgendetwas in meinem Leben scheint tief in mir drin nicht gestimmt zu haben, sodass ich diese »Leere« mit Essen gefüllt habe. Denn, und das steht ganz zweifelsohne fest: Wenn Hunger nicht das Problem ist, ist Essen nicht die Lösung.
Es gibt Situationen, in denen der Appetit über die Maßen gesteigert ist. Ich habe zwei Kinder zur Welt gebracht, und während der Schwangerschaften hatte ich mehr Hunger gehabt als sonst. Oder ich habe die Schwangerschaften einfach nur als Ausrede benutzt, das kann natürlich auch der Fall sein.
Während der Chemotherapie, unter dem Einfluss von Cortison, da meinte ich, sogar erstmals echten Hunger gespürt zu haben. Macht alles in allem aber gut einunddreißig Jahre, in denen diese oder jene Ausrede nicht zählte.
Die gute Seite: Seitdem ich mir das eingestanden habe, fühle ich mich freier und selbstbestimmt. Denn ich kann das ja ändern. Nichts ist in Stein gemeißelt, und jeden Tag kann ich den Ausflüchten auf die Spur kommen und sie durch Platzhalter ersetzen.
»Essen als Belohnung« – dieses automatische Denken abzulegen war und ist für mich die größte Herausforderung. Bisher

habe ich als einzigen Platzhalter für diese Konditionierung das Shoppen für mich entdeckt. Ich hätte mir gewünscht, es wäre Sport gewesen. Aber nein, es ist das Shoppen. Dumm gelaufen, da nicht gerade günstig. Denn es kann nicht sein, dass ich jedes Mal, wenn ich mich belohnen will, mir ein schönes Teil kaufe. Und ich belohne mich oft. Sehr oft!

Nochmals zum Hunger: Wenn er nicht das Problem ist, muss es etwas anderes sein, was mich zum Essen gebracht hat. Vielleicht handelte beziehungsweise handelt es sich um eine Art Sucht. Ich kenne mich damit nicht so gut aus, andere wissen da sicher mehr, aber mein Laien-Nicht-Psychologen-Hirn sagt mir, dass es in diese Richtung geht. Ich rauche nicht, trinke nicht (okay, ab und an mal schon) und habe noch nie Drogen genommen. Als suchtanfällig würde ich mich nicht bezeichnen, und in unserer gesamten Familie ist Sucht zum Glück auch kein Thema. Aber wenn man mit Essen nicht den Hunger oder den Appetit beiseiteschaffen will, ist es nicht ganz verkehrt, zumindest mal darüber nachzudenken. Sie, liebe Leserin, wenn Sie ähnliche »Probleme« haben, könnten an dieser Stelle auch mal in sich gehen und Nachforschungen anstellen.

Genauso wenig wie Schlagfertigkeit eine Frage der Rhetorik ist, genauso wenig ist Abnehmen eine der Diät-Methode. Es kommt alles von innen. Wären Sie nicht einer ähnlichen Meinung, würden Sie nicht dieses Buch, sondern *Schlank im Schlaf* lesen.

In letzter Konsequenz ist alles eine Frage der eigenen Gedanken und der Selbstbestimmtheit. Wenn wir uns nicht mehr als Fähnchen im Wind sehen, sondern als jemanden, der mit hochgekrempelten Ärmeln das Übel an der Wurzel anpackt, so ist das mehr wert als jede Trennkost der Welt.

Auch ich musste endlich aufhören, mich als Opfer zu sehen,

in meinem Fall als Opfer der Hormontherapie, die durch den Brustkrebs notwendig geworden war. (In meinem letzten Buch, *Stehaufqueen,* habe ich darüber ein Kapitel geschrieben.) Ich musste mir eingestehen, dass ich – nur ich – die Sache mit dem Gewicht in der Hand habe. Und wenn es darum geht, dass ich meinen Hintern in einer Jeans in Größe 48 wunderbar finde, dann ist das so. Und wenn nicht, liegt es an mir, das zu ändern. Da kann ich keine Gene zur Verantwortung ziehen, keinen Knochenbau, keine Therapie. Nichts. Nur mich.
Klingt ziemlich brutal. Ist es auch. Weil es so viel anstrengender ist als diese Fähnchen-im-Wind-Nummer.

Innere Zufriedenheit

Liegt also der richtige Weg in innerer Zufriedenheit? Ich denke, ja. Wer loslässt, hat beide Hände frei. Und das jetzt nicht, um mit ihnen Messer und Gabel zu halten, sondern zum Handeln.
Meinen eigenen Weg zur inneren Zufriedenheit habe ich schon beschrieben, der Sache habe ich sogar ein ganzes Buch gewidmet *(Stehaufqueen)*. Ich kann es Ihnen nur so erklären: Allein der Schreibprozess als solches hat mir beim Abnehmen geholfen. Für mich ist Schreiben ein Weg zur Zufriedenheit. Will ich ein authentisches Buch schreiben, führt das nur über Selbstreflexion. Jedes Buch ist eine Reise zu mir selbst, und auch bei diesem habe ich Dinge über mich erfahren, die unbequem sind und stellenweise sogar wehtun. Aber die Auseinandersetzung mit dem eigenen Ich, das ehrliche In-sich-Schauen, löst schon eine Menge Probleme. Weil wir Unbewusstes nach oben an die Oberfläche holen und dann angehen können.
Haben Sie inzwischen für sich selbst herausgefunden, warum Sie abends immer die ganze Tüte Chips vertilgen und nicht nur eine Handvoll davon, ist der erste Schritt getan.
Wir machen uns etwas bewusst. Und anschließend können wir handeln. In die eine oder andere Richtung. Entweder wir essen das Stück Schokolade bewusst und mit Genuss – oder wir entscheiden uns bewusst dagegen. Wir haben es in der Hand …
Im Prinzip habe ich angefangen abzunehmen, als ich mein

Übergewicht locker gesehen habe. Als ich darüberstand und nicht mehr bereit war, Lebensqualität gegen Gewichtsabnahme zu tauschen. Ich war auch mit dreißig Kilo mehr auf den Rippen glücklich. Glücklich darüber, überhaupt noch hier auf Erden zu sein, zu leben. Meine Kinder beim Aufwachsen begleiten zu dürfen. Mit welcher Figur auch immer. Und aus dieser Zufriedenheit heraus fing ich nochmals an, mich diesem Thema zu widmen. Aber eben anders, komplett anders als zuvor. Ob es jetzt von Dauer ist, da schauen wir mal. Aber auch das habe ich in der Hand.

Wir wissen, wie es geht!

Meine Damen, mal ganz offen: Was soll ich Ihnen noch Neues übers Essen erzählen, was wir als Profis nicht schon kennen? Es ist für Sie bestimmt keine Überraschung, wenn ich Ihnen sage, dass Schokolade und Chips nicht unbedingt förderlich sind, wenn man Gewicht verlieren will. Und in Butter geschwenkte Nudeln oder mit Sahne zubereitete Gerichte lassen uns vielleicht das Wasser im Mund zusammenlaufen, aber ganz sicher bekommen Sie davon keine schmaleren Hüften.

Für mich das Wichtigste: Ich habe angefangen, mich selbst so zu akzeptieren, wie ich bin. Ich habe meinem Körper Schwächen zugestanden, und das ist etwas, was ich noch heute tue. Warum?

Weil ich eigentlich sehr stolz auf ihn sein kann. Ich habe zwei gesunde Kinder über Monate in meinem Bauch getragen. Habe beide entbunden, zeitweise gestillt und somit letztlich das größte Wunder vollbracht, das Körper vollbringen können. Dieser Körper hat auch eine Chemotherapie und unzählige Operationen hinter sich. Es gibt also keinen Grund, nicht grenzenlos stolz auf ihn zu sein.

Und auch wenn ich hoffe, dass Sie persönlich noch nicht so schlimme Erfahrungen gemacht haben, so bin ich mir sicher, dass auch Sie stolz auf Ihren Körper sein können. Jeden Tag steht er auf und funktioniert. Jeden Tag tragen uns unsere Füße von A nach B. Die inneren Organe gehen meist, ohne einen Mucks von sich zu geben oder in Streik zu treten, täglich ihrer Arbeit nach. Unsere Körper haben es verdient, dass wir nett zu ihnen sind und nicht wegen ein paar Gramm Fett in die Mangel nehmen.

Wenn Sie nur stolz auf Ihren Körper sind, wenn er perfekt wäre, dann ist das so, als würden Sie Ihr Kind nur lieben, wenn es nur Einsen mit nach Hause bringt. Wir lieben doch unsere Kinder auch bedingungslos. Warum schaffen wir das nicht bei unseren Körpern? Mein bester Geheimtipp: Ich muss mit mir selbst nachsichtig sein und erkennen, dass Lebensglück und Genuss in keiner Relation zur Konfektionsgröße stehen.

Sie haben bestimmt schon von Paaren gehört, die jahrelang versucht haben, Kinder zu bekommen? Und erst als sie sich damit abgefunden haben, keine zu kriegen, wurden die Frauen schwanger. So ähnlich funktionierte das auch bei mir mit dem Abnehmen. Erst als ich losgelassen hatte, war ich frei.

Durch diese Nachsicht mit meinem Körper fand ich den Schlüssel zur Eigenverantwortung. Denn bin ich stolz auf meinen Körper, muss ich ihn auch so behandeln, dass er stolz auf mich sein kann. (Klingt ein bisschen schizophren, oder?)

Sie alle wissen, was Sie tun müssen, damit Ihr Körper (also *Sie*) sich wohlfühlt/wohlfühlen. Wenn Sie sich das zu Herzen nehmen, brauchen Sie keine spezielle Anleitung, keine merkwürdig aussehenden Pulver, keine Sport-App. Sie brauchen nur Ihr Bauchgefühl! Das ist aber oft von so vielen Stimmen überlagert, die uns alle weismachen wollen, dass etwas anderes gut für uns sei.

Hören Sie in sich hinein!

Wenn Sie erkennen: »Ich frühstücke nicht gerne«, dann zählt das mehr als jede Studie, die zu dem Ergebnis gekommen ist, dass Frühstück die wichtigste Mahlzeit des Tages sein sollte.

Wenn Sie merken, dass Sie nach dem Mittagessen regelmäßig in ein Suppenkoma fallen, könnten Sie darüber nachdenken, was Ihr Körper damit sagen will.

Und haben Sie nach übermäßigem Schokoladenkonsum Hunderte Pickel im Gesicht, brauchen Sie keinen Detox-Guru, der Ihnen etwas vom Entgiften erzählt. Sie brauchen nur einen gesunden Menschenverstand – und vielleicht ein bisschen Basiswissen.

Sie allein sind in der Lage, für sich zu bestimmen, was Ihnen guttut und was nicht.

Ich habe mit meiner Erkenntnis nicht das Rad neu erfunden, ich kann Ihnen nur aus eigener Erfahrung sagen, dass all diese Diät-Methoden nicht nötig sind. Jeder Hersteller von Produkten zur Gewichtsreduzierung, der das Gegenteil behauptet, erzählt in meinen Augen Schwachsinn.

Schauen wir uns mal die gängigsten Ernährungsmythen an, die zurzeit herumschwirren: Da hält sich zum Beispiel seit Jahren dauerhaft das Gerücht, dass Kohlenhydrate dick machen. Die armen, armen Kohlenhydrate. Mir tun sie fast schon leid. Stehen unter Generalverdacht. Doch das scheint sich wiederum alle paar Jahre zu ändern. Als ich noch zur Schule ging, hatte ich das Fach Hauswirtschaft; darin ging es aber nicht ums Hauswirtschaften, sondern um alles Wissenschaftliche, was man über Ernährung herausgefunden hatte. Im Jahr 2001 lernte ich, dass Kohlenhydrate unser wichtigster Energielieferant sind und dass es gute und weniger gute Kohlenhydrate gibt. Garantiert wissen Sie, dass ein Schwarzbrot dem Toastbrot immer vorzuziehen ist, allein schon deswegen, weil es länger satt macht.

Ich bin keine Ernährungswissenschaftlerin (aber tatsächlich eine von der Industrie- und Handelskammer geprüfte Ernährungsfachfrau! Lange Geschichte!), aber wenn ich eines

aus etlichen Jahren Diät-Erfahrung weiß, dann das: Ein einziges Lebensmittel macht nicht dick.
Meine Überzeugung ist jedoch: Die gängigsten Kohlenhydrate führen nicht zu einer gesunden Ernährung. Ein Beispiel: Esse ich eine Scheibe weißes Toastbrot, kommt da meistens auch irgendein ungesunder Mist drauf. Wie zum Beispiel dick Butter und leckerer Camembert mit 50 Prozent Fett. Oder aber gleich ordentlich Nutella. Ich will damit sagen, dass bei mir gewisse Lebensmittel einen ungesunden Lebensstil einläuten. Hatte ich eine gute Phase, hätten Sie im ganzen Haus erst gar kein Toastbrot gefunden. Ich denke, es kommt auf die Kombination an. Da musste ich lernen, dass man den Toast auch mit einer Tomate belegen kann.
Auf jeden Fall sind Kohlenhydrate nicht für meinen Hintern verantwortlich. Und damit wären wir bei Punkt eins an Dingen, die ich gemacht beziehungsweise nicht gemacht habe:

1. Ich habe Kohlenhydrate gegessen.

Und Achtung, jetzt kommt die Weltneuheit: Morgens, mittags und *abends!* Ja, Asche auf mein Haupt. Ich habe abends Brot, Kartoffeln, Nudeln oder Reis gegessen. Aber: in einer anderen Proportion. Es gab eben nur eine Handvoll Nudeln und dazu gefühlte vier Kilo Gemüse.
Schuld daran war unter anderem ein Kurztrip nach Rom, den ich meinem Mann zum vierzigsten Geburtstag geschenkt habe. Offenbar hat man den Italienerinnen vergessen zu sagen, dass man von Pasta, Pizza und Co. dick wird. Und weil die das anscheinend nicht wissen, essen sie diese Sachen, und das nicht nur nach 18 Uhr, sondern laut meinen Erfahrungen sogar gerne nach 22 Uhr! Und siehe da: Alle sind rank und schlank. Zumindest die jungen Frauen unter ihnen.
Per Zufall kam ich während dieser Reise mit einer bildschö-

nen, gertenschlanken Italienerin ins Gespräch. Offen heraus und unverblümt habe ich sie gefragt, warum sie eine Fucking 36 trägt, während in ihrem Mundwinkel noch Pasta-Reste hingen.

Ihre für mich nicht unlogische Erklärung: »Wir essen alles rein. Also ohne jede Art von Zusatzmitteln. Gutes Öl, frisches Gemüse, Fisch, Fleisch usw. Wir essen kaum Weiterverarbeitetes. Und wir lassen uns viel Zeit. Unterhalten uns viel, und vermutlich sind die Portionen gar nicht so groß, wie man meint.«

Vielleicht hatte sie recht. Der Trend zu unverarbeiteten Lebensmitteln ist schon länger bekannt, und man hat ihm auch einen hippen Namen verpasst: Clean Eating. Den Aspekt mit dem Sich-Zeit-Lassen konnten Sie mit Sicherheit schon mal an sich selbst beobachten, wenn Sie mehrere Gänge gegessen haben und dazwischen etwas Zeit war. Im Schnitt braucht es zwanzig Minuten, bis wir ein Sättigungsgefühl verspüren.

Sie glauben gar nicht, was ich in zwanzig Minuten alles essen kann ...

Zurück zu den Kohlenhydraten. Ich für meinen Teil habe sie gegessen, aber eben in anderen Kombinationen. Aus meiner Erfahrung kann ich Ihnen nur berichten, dass mich Nudeln einzig mit Tomatensoße nicht schnell und erst recht nicht lange satt machen. Ich meine sogar, schon nach ziemlich kurzer Zeit einen Heißhunger auf Süßes zu verspüren.

2. Ich habe Pausen beim Essen eingelegt.

Das war tatsächlich neu für mich. Zwischen den einzelnen Mahlzeiten aß ich nichts mehr. Denn dass die Bauchspeicheldrüse zwischendurch ein bisschen Pause braucht, das schien nach genauer Überlegung Sinn zu machen. Aus die-

sem Grund habe ich auf die Zwischenmahlzeiten verzichtet. Auch das wurde als neuer Trend erklärt. Vor ein paar Jahren gab es noch die Empfehlung: Fünfmal am Tag essen, damit man dauerhaft satt ist. Heute heißt es: Intervallfasten. Sechzehn Stunden am Tag nichts essen.
Oder wir formulieren es positiv: Acht Stunden am Tag darf man essen.
An den Tagen, an denen ich Herrin über meinen Speiseplan war, habe ich es ausprobiert, und es ging mir sehr gut dabei. Aber auch das mit den Intervallen habe ich nicht zu dogmatisch betrieben; es gibt einfach Tage, an denen der Alltag ein solches Fasten nicht zulässt. Wenn ich um acht Uhr morgens das Hotel verlassen muss und um acht Uhr abends einen Auftritt habe, war es schlicht nicht praktikabel.

3. Ich habe wenig Süßes gegessen.
Konnte ich selbst über meinen Essensplan bestimmen, habe ich an den entsprechenden Tagen nichts Süßes zu mir genommen. Das ist aber Geschmackssache. Auch kann ich eher keine Schokolade als nur ein Stückchen Schokolade essen. Das hängt mit meiner wackeligen Willensstärke und vermutlich der Bauchspeicheldrüse und dem von ihr ausgeschütteten Insulin zusammen.
Ich konnte mir dann mit einem Kaffee oder Cappuccino gut behelfen. Und erstaunt stellte ich fest, dass der Heißhunger auf Süßes ziemlich nachließ.

4. Ich habe keine weiterverarbeiteten Lebensmittel zu mir genommen.
Alles habe ich frisch zubereitet, selbst wenn ich außer Haus war. Unterwegs habe ich nur das gegessen, bei dem ich sicher sein konnte, dass keine oder kaum Zusatzstoffe enthalten

waren. Das bedeutete in der Konsequenz: keinerlei Fertigprodukte, kein Fast Food. Das war für mich kein großer Verzicht, aber auch hier gilt: Jeder Jeck ist anders.

5. Trinken.
»Bei mir sind es die Gene. Und ich trinke viel.« Wenn ich das schon höre! Kein Mensch wird vom Trinken schlank. Aber: Es sättigt – rein subjektiv – ein bisschen, und ich glaube, dass man das oft außer Acht lässt: Trinken hilft, um am Ball zu bleiben. Das Erste, was an einem missglückten »Diät-Tag« über die Wupper ging, war, auf die vorgegebene Trinkmenge zu kommen. Interessierte mich mit dem ersten Stück Schokolade nicht mehr die Bohne. Mit dieser Regel ist es das Gleiche wie mit dem bekanntermaßen ungesunden Toastbrot: Es kommt darauf an, wie man mit ihr umgeht. Und natürlich muss man viel häufiger auf die Toilette. Hinterher fühlt man sich schlank, denn auch Wasser hat Gewicht.

6. Ich habe mich von dem Wort »Diät« verabschiedet.
Das Ganze hier sollte keine zeitlich begrenzte Sache sein. Wollte ich endlich mal für länger, im besten Fall für immer, schlank sein, so ging das nur, indem ich den Begriff »Diät« sausen ließ. Denn mit einer Diät assoziierte ich (und tue es noch immer):

- eine spezielle, wenig genussvolle Ernährungsform
- eine Abnehm-Methode, die nur über einen begrenzten Zeitraum beachtet wird, und danach heißt es dann: Du kannst wieder loslegen!

Ich verrate Ihnen ein Geheimnis: Das funktioniert nicht! Glauben Sie mir, ich habe es immer wieder versucht. Unzählige Male. Wenn nicht bald irgendein Wundermittel erfunden wird, das diese körperlichen Gottgegebenheiten außer Kraft setzt, heißt die Formel leider auf Dauer und bis in alle Ewigkeit:

> Ausgewogene, abwechslungsreiche Ernährung
> und genug Bewegung.

Ich habe es Ihnen gesagt: Hier bekommen Sie keine ultimativen Abnehm-Tipps oder unsinnige Versprechungen. Es tut mir leid. Ich wünschte, ich könnte Ihnen etwas anderes sagen.
Na ja, wenn Sie sich so ad hoc eine Schilddrüsenüberfunktion zulegen würden, kämen vielleicht ein paar neue Umstände dazu. Aber zum Glück ist das nicht möglich, und letztlich wäre das auch ein viel zu hoher Preis, den Sie zahlen würden.

Meine Geheimtipps

Früher waren für mich die Zeiten, in denen ich aus Jobgründen verreisen musste, eine echte Herausforderung. Heute kann ich damit fast besser umgehen, als wenn ich daheim bin.
Ich meine auch erkannt zu haben, woran es liegt. Zu Hause gibt es nämlich jemanden, dem ich die Schuld noch gar nicht so richtig in die Schuhe geschoben habe, und deswegen wird es langsam Zeit dafür. Ich vermute, dass Sie auch einen solchen Jemand daheim haben. Vielleicht sogar zwei. Er steht blöd rum, sagt nix, und es brennt in ihm ständig das Licht. Na, kommen Sie drauf? Genau, es ist der Kühlschrank. Auf Tour, im Auto etc. habe ich keinen Kühlschrank. Mit Ausnahme der Minibars in den Hotels. Und ja, selbstverständlich habe ich mir auch schon NickNacks für 5,95 Euro reingeschoben. Mache ich aber nicht mehr, und ich verrate Ihnen auch, warum:

1. Sie sind mir echt zu teuer.
2. Oft bin ich in Begleitung unterwegs, und am nächsten Morgen, beim Auschecken, war es mir jedes Mal megapeinlich, auf die Frage: »Hatten Sie etwas aus der Minibar?«, mit »Ja, alles!« zu antworten.

Da können Sie ein weiteres Mal sehen, wie schizophren mein Verhalten ist – und sagen Sie mir bitte, dass ich damit nicht alleine bin.

Zurück zum Kühlschrank. Den habe ich also unterwegs größtenteils nicht zur Hand. Und diese Tatsache ließ mich mein Kühlschrank-Verhalten neu überdenken. Ich würde behaupten, dass ich ihn schätzungsweise zehnmal am Tag geöffnet habe mit der schlichten Begründung: »Nur so.« Als ob ich eine persönliche Beziehung zu ihm hätte und er beleidigt wäre, wenn ich ihn eine Stunde mal nicht besuche. Hätte ich nur seine Tür geöffnet, wäre es ja noch irgendwie in Ordnung gewesen, aber gerade in den »Mir ist es eh egal«-Zeiten wanderte jedes Mal etwas aus seinem Inhalt in meinen Mund. Ein Scheibchen Wurst, ein Eckchen Käse, ein Löffelchen von einer übrig gebliebenen Mahlzeit. (Ist Ihnen eigentlich schon mal aufgefallen, dass wir unsere Laster gerne verniedlichen? Darauf ein Weingummichen!)
Wenn ich früher nachmittags von der Schule nach Hause kam – dreimal in der Woche hatte ich bis 16 Uhr Unterricht –, führte mich mein erster Weg immer, ohne Ausnahme, zum Kühlschrank. Es war wie ein Ritual. Morgens putzt man sich die Zähne, beim Heimkommen schaut man in den Kühlschrank. Ein ungeschriebenes Gesetz. Welchen Sinn machte es? Ich kann Ihnen nur berichten, dass es keinen Sinn machte, nur zu etwas führte: Etliche Kalorien fanden schon außerhalb der Hauptmahlzeiten den Weg in meinen Mund. Ganz und gar unbewusst. Und das *Unbewusste* ärgerte mich am meisten.
Gingen wir ins Kino, schaffte ich es auch unbewusst, eine Tüte Popcorn zu essen. Das geschah geradezu wie von selbst. Der Genuss stand weniger im Vordergrund, stattdessen funktionierte der Automatismus des In-die-Tüte-Greifens perfekt.
Doch da ich im Auto keinen Kühlschrank eingebaut habe, kann ich ihn auch nicht öffnen. Ja, werden Sie jetzt sagen, es

gibt doch überall Tankstellen, die sind doch nichts anderes als mobile Kühlschränke, wenn nicht sogar schlimmer. Da stimme ich Ihnen zu. Aber wenn ich alleine unterwegs bin und mir etwas Ungesundes holen würde, wie ich es tatsächlich schon oft getan habe, wissen Sie, was dann jedes Mal passierte? Ich wurde augenblicklich unglaublich müde, sodass ich nicht selten rechts ranfahren musste. Ich war danach überhaupt nicht leistungsfähig, und das, obwohl ich unter Termindruck stand. Und wenn eine Leistungskurve so immens absinkt, kann das kein gutes Zeichen sein, oder? Schließlich dachte ich: Da ich ab jetzt pfleglich mit mir umgehen möchte, kannst du das auch einfach sein lassen. Nochmals: Wir haben es in der Hand, was wir essen und was es mit uns macht.
Und wenn wir unsere Gefühle nicht mehr mit Essen betäuben, sind wir auch wieder selbstbestimmt, wie wir handeln. Meine Tipps für den kleinen Hunger, wenn man länger mit dem Auto unterwegs ist:

- Ich habe immer Cocktailtomaten in meiner Tasche. Das lässt mich glauben, ich würde naschen. Mache ich ja auch, aber eben mit Tomaten.
- Muss ich unterwegs mittags etwas essen und kann in kein Restaurant gehen, das die Mahlzeiten frisch zubereitet, besorge ich mir ein dunkles Brötchen, belegt mit Putenbrust, dazu Cocktailtomaten. Das macht pappsatt. Alternativ greife ich auch zu einer Laugenstange.
- Mein absoluter Geheimtipp gegen richtigen Hunger, egal ob daheim oder unterwegs: Quäse! Das ist eine Art Harzer Roller mit Schimmel außen rum, ein Sauermilchkäse, hergestellt aus Quark. Klingt zugegebenermaßen nicht so sexy, aber mir schmeckt dieser Käse, er hat ganz viele Proteine,

kaum Kalorien und vertreibt Appetitgefühle für wunderbar lange Zeit.

Und ansonsten heißt meine Faustformel für unterwegs: Gut frühstücken, gerne mit Ei, das reicht dann problemlos bis zum Nachmittag.

»Morgen fange ich an!«

Tag 1

Morgens: Aufstehen. Duschen. Zum Kühlschrank gehen und überlegen, was es zum Frühstück gibt. Hände vor den Kopf schlagen: Nix! Du machst doch Diät! Heute ist doch Tag X. Kühlschranktür wird leicht übermotiviert wieder zugeschlagen.
Mittagspause im Büro: Immer noch leerer Magen. Dafür leicht erhöhter Blutdruck. Mag sein, dass die vierzigste Tasse Kaffee schlecht war. Außerdem bin ich leicht dehydriert, denn Kaffee entwässert. Aber: Ich fühle mich superschlank. Ich esse vier Blätter Salat an drei Oliven, dazu den Hauch eines Baguettes.
Nachmittags: Ich bin eine Meisterin der Selbstbeherrschung. Zum Nachmittagskaffee gibt es einen halben Apfel, und ich bin mir sicher, dass meine Hose schon ein bisschen rutscht.
Auf dem Nachhauseweg lasse ich den Tag Revue passieren. Wie konnte ich nur so dick werden? Es geht doch so einfach mit dem Abnehmen. Zumindest dann, wenn man ein Ziel vor Augen hat. Ich sehe mich als elfenhafte Nixe am Strand liegen. Schließlich betrete ich die Wohnung. Sehe den Kühlschrank ...
Morgen ist auch noch ein Tag, denke ich. Und so wenig Nahrung zu sich zu nehmen kann ja gar nicht gesund sein. Während die Spaghetti auf dem Herd kochen, esse ich schon mal zwei Scheiben von dem gekochten Schinken für die

Soße. Nicht dass der Schinken vielleicht schlecht ist. Und das, was ich vorab aus dem Topf mit den kochenden Spaghetti probiere, schaffen andere als vierköpfige Familie.
So richtig schön satt und mit offener Hose lege ich mich auf die Couch und sage mir: »Montags fängt man eh keine Diät an. Dienstags ist viel besser.«
Vom Sofa aus bestelle ich via Internet coole Sportkleidung.

Tag 2

Ich wache morgens auf und fühle mich schlecht. So schwach. Als ob am Tag davor etwas Schlimmes passiert wäre. Dann fällt es mir wieder ein. Ich wollte damit starten abzunehmen. Und dann kam der Feierabend dazwischen. Mist. Okay, aber heute geht es wirklich los. Heute packe ich es an.
Ohne Frühstück, also ganz und gar nüchtern, komme ich im Büro an und will mir gerade einen Ingwer-Zitronen-Tee zubereiten, als eine Kollegin mit einem riesigen Tablett ins Zimmer kommt.
»Ich habe Geburtstag und deshalb ein paar Mettbrötchen mitgebracht«, ruft sie freudestrahlend.
Okay, da kann man nicht Nein sagen. Meine Sportklamotten sind eh noch nicht da – und Sport ist ja so wichtig beim Abnehmen.

Tag 3

Die Sportklamotten sind eingetroffen. Sie sind zu klein. Dafür kann ich aber nichts, denn anscheinend sind die Hersteller nicht in der Lage, ordentlich zu schneidern. Ich bringe

das Paket wieder zur Post. Ich wollte Sport machen, an mir lag's nicht. Zum Trost kaufe ich mir beim Bäcker ein belegtes Brötchen.
»Mit Remoulade?«, fragt die Verkäuferin.
»Ach ja, wenn Sie schon so lieb fragen …«, entgegne ich.
Abends die weise Erkenntnis: Man kann auch dick glücklich sein.

Das Image als Jo-Jo-Mädchen

Wissen Sie, was wirklich kurios ist? Schon nach dem ersten Tag, an dem ich mich gesund ernährte, ging es mir besser. Um Welten besser. Und deshalb ist es noch kurioser, dass ich es nicht dauerhaft mache, wo es mir damit doch so viel besser geht.
Nach nur einer Woche gesunder Ernährung – ich vermeide ganz bewusst das Wort »Diät« – merke ich, wie ich:

- fitter bin
- besser schlafe
- nach dem Essen nicht mehr ins Koma falle

Und in meinem speziellen Fall verminderten sich sogar jegliche (brustkrebstherapiebedingte) Wechseljahresbeschwerden und Knochenschmerzen.
Um mal so richtig philosophisch und psychologisch zu werden: Warum lebe ich nicht immer so, wenn ich doch weiß und spüre, dass gesunde Ernährung so viel bringt?
Ehrliche Antwort? Ich weiß es nicht.
Ich habe lange überlegt. Jahrelang. Und bin zu keiner schlüssigen Erklärung gekommen. Ich hätte höchstens eine Ahnung, aber die gefällt mir nicht.
»Weil ich es mir wert bin«, so lautet ein ziemlich beknackter Werbeslogan einer Beauty-Marke. Als ich den einmal mit halbem Ohr hörte, machte es klick. Ich müsste es mir doch wert sein. So ganz allein nur für mich.

Als Jo-Jo-Mädchen begriff ich, dass wohl irgendwo da die Ursache zu suchen war. Wie gesagt: Wenn Hunger nicht das Problem ist, ist Essen nicht die Lösung. Doch wenn es mir ohne Völlerei gut geht, sogar sehr gut, warum schweife ich auch nur einen Tag davon ab?

Vielleicht, weil man sich – aus welchen Gründen auch immer – gerne ein dickes Fell zulegt. Vielleicht schützt der äußere Mantel (vor was auch immer)? Letztlich muss die Frage jeder für sich selbst beantworten.

Seitdem ich das Glück habe, von Zeit zu Zeit in der Öffentlichkeit stehen zu können, merkte ich, dass mit moppeligen Frauen auch ein gewisses Image verbunden wird. Dicke Frauen haben lustig zu sein. Das ist auch eines dieser ungeschriebenen Gesetze. Frei nach dem Motto: »Wenn ihr schon zu blöd und zu undiszipliniert seid für einen schlanken Hintern, dann seid wenigstens lustig!«

Ich habe noch keine Studie gelesen, die gezeigt hat, dass füllige Menschen lustig sind. Was für ein Schmarrn.

Ich würde mich als humorvollen (nicht lustigen, das ist ein großer Unterschied) Menschen bezeichnen, doch diese Charaktereigenschaft hat nichts, aber rein gar nichts mit dem Gewicht zu tun. Aber sie ist eine Daseinsberechtigung für moppelige Frauen. Das ist ziemlich pervers.

Wir brauchen keine zusätzliche Daseinsberechtigung. Schlanke Damen brauchen auch keine. Ich weiß das, und Sie wissen das auch. Aber in der Medienwelt scheint das noch nicht angekommen zu sein.

Ach, was soll ich es auf die Medienwelt schieben, ich gucke nur mal bei mir selbst nach. Keiner kann sich davon frei machen, dass ein optisches Bild von einer Person mit gewissen Dingen assoziiert wird, mit Charaktereigenschaften, auch mit bestimmten Gefühlen.

Blödes Beispiel: Kennen Sie die US-amerikanische Serie *King of Queens*? Die Hauptdarstellerin Leah Remini, die in der Sitcom die Rechtsanwaltsgehilfin Carrie Heffernan spielt, legte während der inzwischen neun Staffeln aufgrund ihrer Schwangerschaft an Gewicht zu. Zu Beginn der Serie war sie sehr schlank, später eher vollschlank.

Ich habe die Serie (sie startete in Deutschland 2001, als ich noch keine Kinder hatte und nicht nur den KiKA einschalten musste) sehr gerne gesehen. Carrie (und auch ihren übergewichtigen Ehemann Douglas, von Beruf Kurierfahrer) fand ich äußerst witzig. Carrie war oft leicht zickig und immer sehr deutlich in dem, was sie sagte. Ich gebe es ungern zu, aber ich fand sie, als sie schlank war, wesentlich witziger. Sie war manchmal so frech, und das hatte zu dieser wunderschönen, leichtgewichtigen Frau toll gepasst. Sie wirkte handfest und cool.

Als sie etwas mehr auf den Hüften hatte, veränderte sich dieses Frechsein, so kam es mir jedenfalls vor. Wie soll ich es beschreiben? Irgendwann saß ich vor dem Fernseher und dachte: Die war früher lustiger. Im moppeligen Zustand wirkt es aufgesetzt, und das Zickige, das sie schon immer hatte, hat auf einmal etwas Frustriertes.

Da ich zu denen gehöre, die selbst runder um die Hüften sind, finde ich, dass dieses Urteil erlaubt ist. Was war hier geschehen? Mit Carrie eigentlich gar nichts, außer ein paar Pfunden mehr, aber mit mir war etwas passiert. Ihre Wirkung auf mich hatte sich verändert, leider, und glauben Sie mir, es tut mir unendlich leid, dass ich das schreibe, tendenziell ins Negative.

Was aber hatte das zu bedeuten? Dass wir automatisch mit rundlicheren Menschen andere Eigenschaften verbinden? Ihnen weniger zutrauen? Ihren Humor anders einstufen?

Manchmal kommt es mir so vor, als wäre es so: Wenn schlanke und schöne Frauen witzig und humorvoll sind, dann ist das perfekt, es geht gar nicht perfekter. Man sieht sie gerne an und kann auch noch mit ihnen lachen. Humor assoziieren wir ja auch mit Lebenslust, und das wiederum impliziert, dass sich die schlagfertige schlanke Frau nicht jeden Genuss vom Mund abspart. Aber: Eine schlanke Frau muss nicht zwingend lustig sein, denn sie ist ja schlank. Ihre Existenzberechtigung ist damit gesichert, ich kann es gar nicht oft genug wiederholen. Eine dicke Frau (und in der Medienwelt fängt »dick« bei circa fünfundzwanzig Kilogramm vor dem an, was ich als »dick« bezeichnen würde) hat jedoch unbedingt lustig zu sein. Warum, bitte, sonst sollte sie im Fernsehen auftreten?
Und genau dieses Denken veränderte auch meine eigene Wahrnehmung in Bezug auf Carrie. Ich würde mich als absolut tolerant und völlig unvoreingenommen charakterisieren, wenn es um die weibliche Figur geht, und dennoch konnte ich diese Reaktion bei mir feststellen. Doch was war zuerst da? Mein seltsames Empfinden oder die Tatsache, dass man in der TV-Welt so wenig »normale« Frauen sieht? Haben wir uns derart an die *Sex-and-the-City*-Frauen gewöhnt (mit Ausnahme von Miranda, die auch mal 0,2 Gramm zu viel hatte), dass uns die »richtigen« Frauen befremden?
Das wäre aber eine Vollkatastrophe.
Ich kann Ihnen versichern: Alles, was ich kann (und noch mehr, was ich nicht kann), die ganzen Bücher, die ich geschrieben habe, sämtliche Seminare, Shows und Trainings, die ich gehalten habe – all das hat nichts mit dem zu tun, was die Waage anzeigt. Ich habe weder an Schreibkunst gewonnen, weil ich zugenommen habe, noch habe ich an Bühnenpräsenz verloren, nur weil ich abgenommen habe. Keine

Charaktereigenschaft, erst recht kein Humor ist an mein – oder an Carries – Hinterteil gebunden.

Wir verbinden einfach zu viele schlechte Eigenschaften mit vollschlanken Menschen. Aus diesem Grund trauen wir ihnen weniger zu, was wiederum dazu führt, dass sie unter ihren Möglichkeiten bleiben. Verstärkt wird dies dadurch, dass uns überall nur gephotoshopte Menschen vorgesetzt werden, die wir dann als ideale Menschen ansehen, obwohl sie rein gar nichts mit irgendeiner Normalität zu tun haben.

Hier kann jeder bei sich anfangen, um das zu ändern. Wie oft habe ich schon solche Gespräche gehört:

»Wie fandst du denn die Sonja auf der Party?«

»Wen?«

»Na, die mit dem dicken Hintern.«

»Ach, diiiiiie!«

Lege ich meine eigenen Erfahrungen zugrunde, würde ich sagen: Für andere Frauen stellte ich niemals eine Bedrohung dar, weil ich nicht zu schön war. Ich wurde auch noch nie in oder von der Öffentlichkeit gedisst, weil ich übergewichtig war. Aber ich hatte einen Freibrief: meine Krebserkrankung. Durch sie entwickeln die Zuschauer eine andere Einstellung: Wer mal todkrank war, der hat kapiert, dass es auf das Gewicht nicht ankommt, dann ist es okay, ob die Person ein paar Pfunde mehr hat oder nicht. Manche denken auch: Vielleicht nimmt sie ja noch Medikamente, die sie aufschwemmen. In den Augen der Öffentlichkeit wechselt man mit einem derartigen Freibrief automatisch von der »Mein Gott, ist die dick«-Seite zu der »Wahnsinn, was sie alles geschafft hat«-Seite.

Ich war mir immer bewusst, dass ich diesen Freibrief hatte. Gleichzeitig hatte er mich nur wenig interessiert, weil ich damit eine große Chance bekam: Die Menschen hörten mir zu!

Für die Frauen war und bin ich eine Verbündete. In ihren Augen bin ich nicht zu schön oder zu schlank, und trotzdem war ich meinen Weg gegangen.

Auch hoffe ich sehr, dass sich das jetzt, inzwischen ein paar Kilo leichter, nicht ändern wird. Was wäre die Welt doch schön, wenn wir uns alle von diesem Druck frei machen könnten. Wenn wir Menschen nicht länger nach ihrem Äußeren beurteilen, sondern nach ihrem Handeln.

Der Abflex

»Hase, Familie Schmitz hat ein Paket für uns angenommen, aber ich schaffe es nicht, es rüberzutragen.«
»Kein Problem, ich hole es ab.«
Völlig aus der Puste kam mein Mann zurück.
»Sag mal, was hast denn du bestellt? Wackersteine?«
»Nein«, erklärte ich stolz, »eine Weltsensation!«
Und das war nicht die erste Weltsensation, die Einzug in unser Heim hielt.
In den Neunzigerjahren wurden mehrere Fitnessgeräte auf den Markt gebracht, die ewige Schlankheit bei gleichzeitigem unkontrolliertem Essverhalten versprachen. Der Abflex war eines von diesen Wundermitteln, ein Bauchtrainer. Dieses Teil war so groß wie ein Vorschlaghammer, auch ähnlich schwer. Seine Anwendung bestand darin, dass man sich ihn mit regelmäßigen Bewegungen auf den Bauch drücken sollte. Durch dieses Auf-den-Bauch-Drücken sollte sich nach spätestens sechs Wochen ein Sixpack einstellen. Nach dreißig Sekunden Teleshopping – wir schrieben das Jahr 1999 – war ich mir sicher, dass ich das Ding *sofort* haben musste. Leider war ich zu diesem Zeitpunkt noch nicht volljährig, also schied dieser Bestellweg für mich aus. Ich sah es dann als Wink des Schicksals an, dass der Extra-Markt bei uns im Ort einen solchen Abflex nur eine Woche später für 49,99 D-Mark anbot. Drei, zwei, eins – meins!
Ich drückte, was das Zeug hielt, und meinte bereits nach zwei Tagen einen strafferen Bauch zu haben. In Ekstase ver-

fiel ich geradezu, als ich samstags abends eine Tüte Chips aß und sonntags morgens ein Kilo weniger auf die Waage brachte. Was? Unglaublich! Der Abflex wurde danach von mir heiliggesprochen! Was für eine tolle Sache! Ich konnte essen, was ich wollte, dann drückte ich mir dreimal den Vorschlaghammer auf den Bauch, und alle Essenssünden waren vergessen. Genial!

Als der Kontrollversuch eine Woche später in die Hose ging und nach zwei Tafeln Schokolade die Waage drei Pfund mehr zeigte, fungierte der Abflex ab da als modernes Kunstobjekt in meinem Jugendzimmer. Das war 1999.

Der keuchende Ehemann, der Wackersteine in dem Paket vermutet hatte, das war 2013. Es ging um ein anderes Fitnessgerät, die Versprechungen waren aber gleich geblieben. Wieder handelte es sich um ein Bauch-weg-irgendetwas-Zeug. (Anscheinend habe ich für Bauchgeräte eine gewisse Anfälligkeit.) Dieses Mal war es eine Art Hightech-Liege mit beweglichem Rückteil. Die Sit-ups sollten quasi von allein gehen.

Das war einer meiner Triggerpunkte: Bauch-weg-Übungen, die ohne große Mühen funktionierten. Heute weiß ich das. Hellhörig werde ich augenblicklich, wenn ich bestimmte Versprechen höre oder lese: »Megaschlanker Bauch!« Oder: »Nur 5 Minuten Training am Tag«. Oder: »Abnehmen, ohne zu hungern oder in nervige Fitnessstudios zu gehen«. Sind solche Formulierungen nicht erschreckend? Ich bin bestimmt nicht Einstein, aber eigentlich hatte ich angenommen, dass ich zur Mittelklasse-Intelligenz gehören würde. Was aber stimmt nicht mit mir, wenn ich mich von so einem Blödsinn einwickeln lasse?

Ich weiß noch, wie ich die Fernbedienung in der Hand hielt und dachte: Schalt um! Schalt um!, aber als der Mann im

Fernsehen noch eine Fettpfanne von irgendeinem US-Boxer auf das Fitnessgerät obendrauf legte, ergriff geradezu gewaltsam eine fremde Macht von mir Besitz, und mit Schmetterlingen im Bauch langte ich zum Telefonhörer.

»Aha. Können wir mit der Weltsensation zum Mond fliegen? Schwer genug wäre sie auf jeden Fall.«

»Warte es ab, Hase. Wenn ich bald den Mega-Sixpack habe, wird dir das Lachen schon vergehen.«

Dreimal benutzte ich das Gerät, und das letzte Mal, dass ich es sah, lagen Jeans auf ihm, die mir zu eng geworden waren. Seitdem ist es verschollen.

Von all dem Geld, das ich für Fitnessgeräte ausgegeben habe, hätte ich ein Sportstudio gründen und einrichten können.

Apropos Fitnessstudios. Ich habe nicht nachgezählt, aber schätzungsweise war ich fünfmal Mitglied in einem. Stilles Mitglied. Quasi stiller Teilhaber. Alle Mitgliedschaften habe ich im Januar abgeschlossen, da war die Motivation am höchsten, und die Angebote waren am verlockendsten. Spätestens zu Karneval verließ mich meine Motivation. Aber die Betreiber von solchen Studios sind ja nicht blöd. Wahrscheinlich bin ich nicht die Einzige, die so reagiert, also knebelt man uns in einem schwachen Moment.

»Wir bieten zwölf oder vierzehn Monate Mitgliedschaft an«, erklärte mir jedes Mal ein durchtrainierter, extrem gut aussehender Trainer.

»Ach, nur so kurz? Gibt es nichts Längeres?«, säuselte ich selbstsicher. Diese kurz Motivierten, dabei ist Sport doch so wichtig.

Die erste Zeit war ich wirklich immer sehr fleißig und fühlte mich auch gut. Aber irgendwie schaffte ich es nie, ein Fitnessstudio in meinen Alltag einzubauen und somit zur Routine werden zu lassen. Darin besteht nämlich das Geheimnis:

Sport muss für mich zur Routine werden, so wie Zähneputzen und Duschen. Ein Fitnessstudio war aber nicht damit vergleichbar, dafür war mir der Aufwand stets zu groß. Und jetzt lachen Sie bitte nicht, der Geruch, ja, der Geruch erinnerte mich zu sehr an den Schulsport und an diese muffigen Turnhallen. Kein Studio, das ich ausprobierte, hat mich motiviert. Wirklich gar keins.

»Du bist jetzt keine Katze mehr, du bist ein Krapfen!«

Dieser Satz stammt aus einer *ALF*-Folge. In dieser wollte der bei der Familie Tanner gestrandete Außerirdische den Familienkater Lucky hypnotisieren, um ihn dann ruhigen Gewissens essen zu können. Ich finde, dieses Zitat ist eine gelungene Einleitung, um Ihnen meine Erfahrungen in Sachen Hypnose zu erzählen. Auch damit habe ich nämlich versucht abzunehmen, ebenso wie mit Akupunktur. Um auf diese Nadelgeschichte ganz kurz einzugehen: Es war eine merkwürdige Angelegenheit, und abgenommen habe ich mit Akupunktur rein gar nichts. Wahrscheinlich waren die entscheidenden Punkte mit Fett zugewachsen.
Aber Hypnose, das fand ich schon immer interessant. Auch wenn ich Zweifel hatte, dass man zu einem Sturkopf wie mir durchkommt, so hatte ich einfach die Hoffnung, dass man mir in diesem Schwebezustand verklickert, dass in Schokolade Würmer seien und der Schlüssel zum Glück in einem Salatblatt liege.
Ich nehme das mal vorweg: So funktioniert Hypnose nicht. Ich habe mich im Internet schlaugemacht und mir ein Institut mit gefühlten 380 Gütesiegeln rausgesucht. Von diesem Institut wurden zwecks Gewichtsreduzierung Gruppen- und Einzelsitzungen angeboten. Beide Möglichkeiten wurden als Erfolg versprechend angepriesen, die Einzelsitzungen sollten aber mehr Erfolge erzielen. Raten Sie mal, was ich gebucht habe? Na klar, eine Einzelstunde für 380 Euro (netto). Treff-

punkt war ein Hotel, das direkt an einer Autobahnzufahrt lag. Das Institut hatte das gesamte Hotel einschließlich sämtlicher Konferenzräume gebucht, denn es ging bei den Hypnosesitzungen nicht nur ums Abnehmen. Im Raum »Hollywood« fanden Raucherentwöhnungssessions statt, ich sollte vor dem Raum »New York« warten.

Schließlich wurde ich von einer Frau hineingerufen, die mich aufforderte, auf einem Stuhl Platz zu nehmen. Ich hätte mich für eine Hypnose ja lieber hingelegt, aber »New York« war nicht mit einer Liege ausgestattet. Gut, kann man natürlich für 380 Euro nicht erwarten. Es folgte dann eine dreißigminütige Fragerunde. Ich kann mich nicht mehr erinnern, was diese Frau alles wissen wollte, aber im Nachhinein kamen mir ihre Fragen doch extrem indiskret vor. Spontan dachte ich an eine Täterbefragung, wie man sie aus dem *Tatort* kennt. Dann wurde das Licht ausgemacht, und die Hypnose startete.

Mir war schon bewusst, dass das Bild, das ich von Hypnose hatte, nicht der Realität entsprach. Aber mir fiel das Relaxen auf einem Stuhl reichlich schwer. Ich konnte weder meinen Nacken noch den Kopf anlehnen, wie sollte ich denn da in einen entspannten Zustand kommen? Auf freundliche Nachfrage erntete ich ein »Darauf kommt es nicht an«. Okay, Freundlichkeit konnte man für 380 Euro natürlich ebenfalls nicht erwarten.

Die Frau mit ihrer sonoren Stimme redete nun auf mich ein, wie lange, weiß ich nicht mehr zu sagen, aber ich erinnere mich sehr gut an das erlösende Ende: »Du bist frei. Frrrrrrrrrrrrreeeeeeeeeeiiiiiiiiiii!! FFFFFFFFFFFFFRRRRRRRRRRRRREEEEEEEEEEEEEEEIIIIIIIIIIIIII!«

Nach diesen drei Worten ging das Licht wieder an. Ich durfte noch eine CD für 29 Euro kaufen, um das Gehörte täglich

aufzufrischen. Die CD war in den 380 Euro nicht inbegriffen. Logisch.
Ich verließ »New York« und fuhr heim.
Und jetzt schreibe ich dieses Buch. Über Nachhaltigkeit muss ich nichts weiter sagen, oder?

Todeszone Mittagsschlaf

Aus heutiger Perspektive kann ich mir nicht erklären, warum ich mich als Kind mit Händen und Füßen gegen einen Mittagsschlaf gewehrt habe. Was würde ich heute dafür geben, wenn nach dem Mittagessen eine nette Person zu mir sagen würde: »Geh, Liebes! Geh, und leg dich hin!«
Wobei, das muss ich revidieren, denn dieses berühmt-berüchtigte Suppenkoma habe ich seit Monaten nicht mehr gespürt, und das schreibe ich der Ernährungsumstellung zu. Früher, als ich zu Mittag gerne und oft eine große Portion Nudeln (mit leckerer Butter) und irgendwas dazu aß, fielen mir schon beim letzten Löffel die Augen zu. Heute gibt es zwar immer noch Nudeln, aber der Fokus steht mehr auf dem *Irgendwa*s, und die Butter ist (leider) gestrichen. Durch diese wunderbar leichte Kost habe ich dieses mittägliche Tief nicht mehr, und ich gebe zu, dass mir mein Fitsein ein größeres Glücksgefühl gibt als der Buttergeschmack.
Vor ein paar Wochen allerdings war ich ein bisschen krank. Nichts Schlimmes, aus weiblicher Sicht zumindest, es war nur eine Erkältung. Aber ich fühlte mich schlapp, und so gönnte ich mir mit den Kindern nach dem Mittagessen eine Runde auf der Couch. Dort sind mir für so circa 4,5 Minuten die Augen zugefallen. Vielleicht waren es auch ein paar mehr Minuten, aber es war garantiert keine Stunde.
Mit dem Aufwachen war im Magen, aber auch im Kopf ein Schalter umgelegt. Ich schwöre Ihnen, ich konnte nichts dagegen tun. Ich hätte für ein Stück Schokolade getötet! Nichts,

kein gutes Zureden, kein Apfel, nichts half – die Rolle Doppelkekse musste dran glauben. Meine unverschämten Kinder wollten allerdings auch ein paar haben. So blieben für mich »nur« sechs Stück übrig. Wie gerne würde ich Ihnen berichten, dass ich sie langsam und ganz bewusst genossen habe. Bissen für Bissen. Aber i wo! Ich habe die Doppelkekse regelrecht verschlungen, danach war mir latent übel. Aber lecker waren sie trotzdem. Alles ging so schnell, das Engelchen in mir hatte null Komma null Chance. Ich glaube, das schlief noch.
Im Nachhinein habe ich mich geärgert. Aber nur ein bisschen. Was geschehen war, war geschehen, und außer den Finger in den Hals zu stecken, hätte ich nichts mehr dagegen tun können. Aber so weit kommt es noch. Die schönen Kekse! Auf keinen Fall.
Trotzdem gab es einen Unterschied zu früheren Eskapaden:

1. Ich schreibe jetzt darüber – und damit hat es irgendwie einen Sinn: Recherche-Fressen sozusagen.
2. Früher hätte ich gesagt: »Jetzt ist es doch eh egal«, und die Kekse wären ein Einstieg in einen Fresstag gewesen. (Übrigens heißen Fresstage, also der ernährungstechnische Totalausfall, heute anders: Cheat Day oder Loading Day. Klingt doch gleich viel cooler, oder?)
3. Vielleicht hätte ich sogar die ganze Woche durchgefuttert, unter Umständen wäre die komplette »Diät« dahin gewesen.

So habe ich nur ein bisschen über mich selbst gelacht, den restlichen Tag nichts mehr gegessen und in der gesamten Woche noch mehr Sport gemacht. Und so zumindest nicht zugenommen.

Aber eigentlich wollte ich auf den Mittagsschlaf hinaus. Ich bin nämlich ernsthaft davon überzeugt, dass er schuld daran war, dass ich zu der Rolle mit den Prinzen griff. (Hauptsache, ich war es nicht!) Was passiert in unserem Körper, wenn wir Mittagsschlaf halten? Passiert überhaupt irgendetwas?
Bei mir eine ganze Menge. Vor meinem inneren Auge sah ich meinen Blutzuckerspiegel rapide in den Keller gehen – und hatte so eine logische Erklärung für meinen krassen Süß-Jieper. *Du arme Maus. Da hat dir dein Körper aber ein Schnippchen geschlagen!* Doch diese Erklärung reichte mir nicht, ich wollte es genauer wissen. Oder wollte ich nur eine Bestätigung für meine Theorie?
Ich wandte mich an Prof. Dr. Ingo Froböse, Leiter des Zentrums für Gesundheit durch Sport und Bewegung der Deutschen Sporthochschule Köln. Von ihm wollte ich tatsächlich hören, dass ich nichts, rein gar nichts für diese Futter-Attacke konnte und der Grund körperliche Ursachen hatte.
»Nee, ich fürchte, das ist nur Ihr Kopf.« Der Professor und Autor zahlreicher Ratgeber schüttelte bedauernd den Kopf.
»Bitte?«, hakte ich nach.
»Ja, das klingt mir eher nach einem kurzfristigen Kontrollverlust im Schlaf.«
»Moment mal, es ist wirklich gar nichts Körperliches, sondern nur mein Kopf?«
»Könnte man so sagen.«
Es sollte nicht die einzige unbequeme Antwort bleiben, die ich an dem Vormittag in der Sporthochschule Köln zu hören bekam. Denn ich hatte das Zentrum noch aus einem anderen Grund aufgesucht.

»Ein Anfang wäre gemacht«

Zu dieser Zeit, es war Juni 2018, lief meine Ernährungsumstellung seit einem knappen Jahr. Folgende Fakten konnte ich bis dahin vorweisen:

- Gewichtsverlust: 28,5 kg
- Konfektionsgröße: von 46/48 auf 40/42
- Vom Couch-Potato zur gefühlten Fitness-Queen, und das heißt konkret: Seit November 2017 (nach der Schonungsphase der letzten OP) betreibe ich regelmäßig Sport. Mindestens zwei-, eher drei-, manchmal viermal die Woche; seit einem Monat sogar täglich eine Stunde. Eine Kombination aus Muskel- und Ausdauertraining.

Also, ich sag es Ihnen ganz ehrlich. So fit und muskulös war ich noch nie in meinem ganzen Leben gewesen. Mein subjektives Empfinden war wohl vergleichbar mit dem einer Marathonläuferin. Ich konnte bequem mit den Kindern in der Hocke spielen und kam danach so ganz locker, fluffig wieder hoch. Ohne »Ooooooohs« oder »Aaaaahhhs« und sogar ohne ein Knacken in den Knien. Und aufgrund dieses subjektiven Gefühls von Fitsein war ich auf die Idee verfallen, mich einmal einem wissenschaftlichen Test zu unterziehen. Zum einen wollte ich gerne wissen, wie hoch mein sogenannter Grundumsatz ist, zum anderen, ob ich schon einiges an Muskeln aufgebaut hatte. Auch ohne Vergleichswerte sagte mir mein Bauchgefühl, dass sich meine Werte vor einem Jahr im wahrscheinlich nicht messbaren roten Bereich befunden hatten.

Und so hatte ich ein ganz klein bisschen die Hoffnung, dass man mir in der Sporthochschule Köln zu meiner fantastischen Leistung gratulieren, mich vielleicht sogar fragen würde, ob ich als Referentin dort tätig sein wolle.

Also, ich nehme das mal vorweg. Die Antwort von Prof. Dr. Froböse lautete nach Auswertung meiner Daten: »Ein Anfang wäre gemacht«, grinste er.

»Ein Anfang? Mit Verlaub, ich dachte, ich hätte fitnessmäßig meinen persönlichen Höhepunkt erreicht«, antwortete ich leicht irritiert.

Er sagte nichts. Lachte nur.

Aber starten wir am Anfang:

Ein sehr netter angehender Doktor der Sportwissenschaften begrüßte mich an einem Mittwochmorgen um 8:15 Uhr in einem Labor der Sporthochschule Köln. Er erklärte mir genau, wie man bei mir in den nächsten dreißig Minuten meinen Grund- beziehungsweise Ruheumsatz messen würde. Dieser Grundumsatz ist der Verbrauch an Energie, die der Körper für seine Stoffwechselaktivitäten und die Instandhaltung aller lebenswichtigen Organtätigkeiten aufwenden muss. Um es einfach zu sagen: Das ist der Kalorienverbrauch, wenn wir den ganzen Tag auf der Couch liegen würden. Für die Messung wurde mir eine Hannibal-Lecter-Maske aufgesetzt, die die nicht unkomplizierte Atemgasanalyse vornimmt. Anschließend durfte ich mich dreißig Minuten auf einer Liege (hier gab es eine) ausstrecken.

»Wichtig für die Messung ist, dass Sie entspannt liegen«, erklärte mir der nette Sportwissenschaftler und dimmte noch das Licht.

Entspannen kann ich – ich döste fast auf der Stelle ein.

In dieser Liegeposition wurde noch mein Fettanteil im Körper mithilfe kleiner Stromstöße gemessen. Ich merkte nichts davon, was aber nicht viel hieß. Vielleicht hatte ich sie nur nicht gemerkt, weil ich noch so viel Fett mit mir herumtrug (trotz meines Gewichtsverlusts).
So weit die Theorie, dann kam die bittere Wahrheit in Form der Daten. Ach Kinders, das ist schon *sehr* ernüchternd.
Ich bringe es mal auf den Punkt: Laut der Ergebnisse bin ich immer noch fett! Und habe zu viel Fettmasse in mir. Das heißt, stopp, das muss relativiert werden, ein Wert lässt einen Funken Hoffnung aufkommen. Und zwar ist das der sogenannte BCM-Wert, der die Körperzellmasse beschreibt. Und was ist die Körperzellmasse? Hierfür zitiere ich die Sportwissenschaftler des Zentrums für Gesundheit durch Sport und Bewegung: »Die Körperzellmasse ist die Summe aller Sauerstoff konsumierenden kaliumreichen, glucoseoxidierenden Zellen. Sie leistet den größten Teil der metabolischen Arbeit und bestimmt damit den Grundumsatz. Zur BCM gehören die Zellen der Skelettmuskulatur, der glatten Muskulatur, des Herzmuskels, der inneren Organe, des Gastrointestinaltraktes, des Blutes, der Drüsen und des Nervensystems. Die Bestimmung der BCM ist unabdingbar zur Erfassung des Ernährungsstatus und zur Erkennung der Malnutrition. Das Erhalten des BCM ist die zentrale Aufgabe bei allen Formen der Ernährungstherapie.« Immerhin verstand ich dadurch, dass es also einige unterschiedliche Parameter gab, um einen Stoffwechsel- und Ernährungszustand zu beurteilen. Eigentlich eine ziemlich komplizierte Angelegenheit. Doch gerade dieser Wert war bei mir, na ja, also er war jetzt noch nicht vorbildlich, aber Prof. Dr. Froböse meinte: »Hier sehe ich, dass Sie fit sind.«
»HIER SEHE ICH, DASS SIE FIT SIND!«

Danke. Reicht mir.

Ein paar Fragen hatte ich dann trotzdem noch. Nicht jeden Tag hatte ich Gelegenheit, mit diesem Mann zu sprechen, der in Deutschland auf seinem Gebiet eine Koryphäe und mir schon deswegen so sympathisch war, weil er nicht mit dem erhobenen Zeigefinger daherkam und einen wundervoll rheinischen Akzent hatte.

»Herr Prof. Dr. Froböse, was können Sie mir noch zu meiner Auswertung sagen?«

»Also, Ihr Grundumsatz liegt bei 1628 kcal. Das ist ein bisschen niedriger als die Norm.«

»Heißt das, ich darf nur 1600 kcal zu mir nehmen, um nicht zuzunehmen?«

Der Experte nickte.

Ich fuhr fort: »Viel ist das ja nicht. Da habe ich doch ein bisschen Mitleid verdient, oder?«

»Da haben Sie recht, es könnte ein bisschen höher sein.«

»Woran liegt das?«

»Da spielen ein paar Faktoren mit rein: zum einen die Genetik, dann die künstlich eingeleiteten Wechseljahre, aber auch noch ein anderer Punkt: Lassen Sie mich raten, Sie haben schon ein paar Diäten in Ihrem Leben gemacht?«

»Ähm, ja.«

»In diesem Fall lässt sich sicher sagen, dass Sie Ihren Grundumsatz selbst nach unten gesteuert haben. Der klassische Jo-Jo-Effekt. Sie essen zu wenig, der Körper denkt an Krieg und Hungersnot und arbeitet nicht mehr auf Hochtouren. Stattdessen verlangsamt er den Stoffwechsel, um für schlechte Zeiten vorbereitet zu sein. Aber die schlechten Zeiten kommen nicht. Fangen Sie nach einer Diät wieder das Essen an, hält Ihr Körper alles an sich und gibt nichts her, um auf die nächste schlechte Zeit vorbereitet zu sein. Man kann ja nie wissen ... Und wieder verlangsamen wir so unseren Stoffwechsel.«

»Also an diesen Erkenntnissen hat sich nichts geändert. Wir werden also von den bekannten krassen Diäten dick?«

»Das könnte man so sagen.«

»Okay, aber wie sieht es mit der Genetik aus? Wenn sie uns so sehr bestimmt, dann hätte ich ja eine Ausrede.«

»Nach der Devise, dass die Oma schon schwere Knochen hatte.« Prof. Dr. Froböse lachte erneut. »Aber Spaß beiseite, da ist was dran. Die Genetik spielt zu circa 30 Prozent eine Rolle, wenn es um unseren Stoffwechsel geht.«

»Heißt das im Umkehrschluss, dass ich 70 Prozent in der Hand habe?«

»Richtig.«

»Okay, ich habe einen Grundumsatz von 1600 kcal, und lassen Sie mich raten, es gibt nur eine einzige Möglichkeit, ihn nach oben zu korrigieren. Und diese Alternative fängt mit ›S‹ an und hört mit ›port‹ auf – stimmt das?«

»Ja, genauso ist es. Sie müssen wissen: Die Fettzellen sind immer da. Die lauern ganz heimtückisch, zu jeder Tages- und Nachtzeit. Und die einzige Armee, die wir gegen sie aufstellen können, das sind die Muskeln.«

»Mit anderen Worten, das optimale Sportprogramm besteht aus einem Muskel-, aber auch aus einem Ausdauertraining?«

»Exakt. Das Ausdauertraining sollte dann aber gerne im moderaten Bereich angesiedelt sein, denn die Fettzellen brauchen Sauerstoff zum Verbrennen. Und den bekommen wir nicht durch Hecheln, sondern durch relativ ruhiges Atmen. Der Sport wird bei der Abnahme überbewertet. Wir trainieren vier Stunden in der Woche und sind total stolz. Die Woche hat aber 168 Stunden. Machen also immer noch 164, in denen wir nichts tun. Der Sport sollte dazu führen, dass unser Körper auf lange Sicht 168 Stunden für uns arbeitet. Eben auch dann, wenn wir auf der Couch liegen. Und das geht nur über eine Steigerung der Muskelmasse.«

»In meinem speziellen Fall: Sport hilft mir nicht nur, mein Gewicht zu halten, sondern senkt die Rezidivrate. Warum?«

»Weil die Muskulatur entzündungshemmend wirkt und das Immunsystem aktiviert. Wir sprachen eben über Gene. Ein ganz neuer Punkt ist die sogenannte Epigenetische Regulation. Sie beschreibt, wie sehr die Umwelt und unser Lebensstil Einfluss auf die Gene haben und ob wir sie, zum Beispiel durch Sport, positiv beeinflussen können.«

»Wenn ich Sie so anschaue, Sie sehen sehr fit und sportlich aus. Gottgegeben oder harte Arbeit?«

»Sehr harte Arbeit«, gestand Prof. Dr. Froböse. »Aber ich esse gerne und gut und habe mir angewöhnt, nicht mehr für schlechtes, sondern für gutes Essen zu laufen. Wissen Sie, gerade Frauen machen sich unnötig Druck. Wenn Sie heute Abend schön mit Ihrem Mann essen gehen, und Sie stellen sich morgen früh auf die Waage – was macht das dann mit Ihnen?«

»Ein ziemlich mieses Gefühl.«

»Genau. Und das ist unnötig und auch Quatsch. Die Waage zeigt zwei Kilo mehr an, die haben Sie aber doch nicht faktisch zugenommen. Sie müssten dafür 9000 (!) Kalorien zu viel zu sich genommen haben. Das schafft kein Abendessen. Die Regelmäßigkeit und das richtige Maß sind der Schlüssel zum Erfolg.«

»Letzte Frage: Apropos Maß, um zu einem wirklich guten BMI zu kommen, müsste ich noch weitere Kilos verlieren. Soll ich Ihnen was sagen? Ich glaube, dass ich dann gar nicht mehr ich bin. Wäre es schlimm, wenn ich das nicht will?«

»Keine Waage, keine Zahl, kein Messwert kann das eigene

Bauchgefühl und das persönliche Wohlempfinden ersetzen. Wenn Sie Ihr Spiegelbild akzeptieren, ist das wichtiger als alles andere.«

Ist es nicht verrückt, liebe Damen, damit wären wir wieder beim Thema Selbstliebe. Wir hatten es schon bei der Schlagfertigkeit und auch bei der Resilienz. Und Sie merken, ich bin auf der gleichen Reise wie Sie.

Für mich ergaben sich nach dem Gespräch Einsichten, die neu für mich waren. Oder sagen wir es mal so: Wenn man sie richtig verinnerlichte, waren sie neu.

Fakt ist, den Satz »Ich habe meine Diät erfolgreich abgeschlossen« kann es nicht geben. Geht einfach nicht, ist nicht möglich. Höchstens, wenn Sie zwei Kilo für das kleine Schwarze verlieren wollen, aber nicht, wenn Sie, wie ich, lebenslang mit dem Kram zu kämpfen haben.

Nach diesem Vormittag in der Kölner Sporthochschule konnte ich mich auch von dem Gedanken befreien. Und ich kann mich an dieser Stelle auch frei davon machen, irgendein 30-Tage-Challenge-Sport-Programm hinter mich gebracht zu haben. Wenn, müsste es das 30-Jahre-Programm heißen.

Das Ganze hier ist eine lebenslange Geschichte.

Eine Ernährungsumstellung kann nur mit einer Lebensumstellung einhergehen. Und das kann nur klappen, wenn wir es nicht so eng sehen, oder? Unterm Strich ist es doch am wichtigsten, dass wir Spaß haben. Und dieser Spaß, das habe ich zumindest für mich herausgefunden, ist nicht in einer Tafel Schokolade, aber auch nicht in dem Verzicht auf Schokolade zu suchen, sondern irgendwo dazwischen. Und im allerbesten Fall sogar gar nicht in der Schokolade, sondern in ganz anderen Dingen. Das wäre übrigens mein Traum: Es sollte mir so in Fleisch und Blut übergehen, dass ich gar nicht mehr über das Essen nachdenke. Ich möchte nicht mehr Kalorien zählen, mich nicht mehr wiegen oder sonst was. Ich möchte essen, wenn ich hungrig bin, und das zu mir nehmen, worauf ich Hunger habe und was mir guttut. Und ich möchte aufhören, wenn ich satt bin. Punkt. Ende. Aus.

Prof. Dr. Froböse hatte in unserem Gespräch die Epigenetik erwähnt. Darunter werden molekulare Mechanismen verstanden, die zu einem stärkeren oder schwächeren Ablesen von Genen führen. Das ist ein sehr spannendes Forschungsgebiet, gerade wenn Sie vielleicht wie ich an Brustkrebs erkrankt sind. Und wenn Sie möglicherweise Trägerin des BRCA-Gens (Breast Cancer; Brustkrebs) sind, auch so wie ich.

Ich möchte hier nur am Rande darauf eingehen, aber Frauen mit einer BRCA-Mutation haben ein deutlich erhöhtes Risiko, an Brustkrebs zu erkranken. Und trotzdem gibt es auch genügend Frauen, die eben (Gott sei Dank!) nicht erkranken, trotz des Gens. Bei eineiigen weiblichen Zwillingen wurde beobachtet, dass bei einem exakt identischen Erbgut ein Zwilling an Brustkrebs erkrankte und der andere aber gesund blieb. Die Forschung steckt hier noch in den Kinderschuhen, aber man ist sich sicher, dass es Faktoren geben muss, die eine Erkrankung begünstigen.

Und natürlich sind wir hier mal wieder beim Thema Sport. Es gibt spannende Studien, die nachgewiesen haben, wie wir unsere eigenen Gene durch körperliche Betätigung verändern können. Wie wir sozusagen unsere Gene an- und ausschalten können.

Selbst wenn die Wissenschaft noch nicht die letzten Beweise gefunden hat, für mich habe ich beschlossen: Mach den mal lieber, den Sport. Er hilft mehr, als dass er schadet.

Warum eigentlich?

Bevor Sie den x-ten Versuch starten, wieder einmal abzunehmen, stellen Sie sich bitte erst mal die Frage, warum Sie das eigentlich wollen. Denn vielleicht kommt dabei heraus, dass Sie es eigentlich gar nicht so richtig wollen.
Hä? Werden Sie jetzt denken ... natürlich will ich abnehmen, weil doch schlank sein einfach besser ist. Aber ist das wirklich so? Oder wird uns das nur suggeriert?
Was wäre, wenn man alle wirklich schönen Modekollektionen auch in Größe 46 und darüber hinaus bekommen würde? Würden wir es dann noch als eine Notwendigkeit ansehen, unbedingt schlank zu sein? Wollen wir nur dünn sein, weil man uns überall sagt, dass man so zu sein hat? Oder wollen wir Gewicht verlieren, weil wir dadurch mehr Lebensqualität haben?
Irgendwann einmal hörte ich den Satz: »Wenn das Ziel nur attraktiv genug ist, dann erreichen wir es auch.« Ich habe Ihnen schon vor ein paar Seiten erzählt, wie ich zum »Zielesetzen« stehe. Aber wenn wir unser Ziel nicht rational angehen, sondern es mit Gefühlen besetzen, dann sieht die Sache schon ein bisschen anders aus.
Aber fangen wir von vorne an. Wer bestimmt eigentlich, wo das Dick-Sein anfängt? Oder Fettleibigkeit? Wer zieht die Grenze und glaubt, damit über uns bestimmen zu können?
In meiner Jugend gab es zur Berechnung des Idealgewichts die Faustformel »Größe minus hundert«. Bei einer Größe von 174 cm waren das 74 Kilo gewesen. Für Models wahr-

scheinlich ein Motiv, Suizid zu begehen. Für eine Hochleistungssportlerin hingegen wäre es vielleicht zu wenig. Für mich wäre es Grund, ein Fest für mindestens hundert Personen zu veranstalten. Mit leckerem Essen natürlich. Und dabei sind wir doch an einem ganz wichtigen Punkt. Das Gewicht ist, wie alles im Leben, relativ. Aber die Waage zeigt nur die nackten Zahlen. Sie weiß nicht, wie alt wir sind, ob wir durchtrainiert, prä- oder postmenstrual sind, genauso wenig hat sie eine Ahnung davon, ob wir am Abend zuvor ein Kilo Salz und vier Liter Wasser getrunken haben. Sicher, mittlerweile gibt es Waagen, die mithilfe von Elektroden den Fettanteil im Körper errechnen. Ich stand einmal auf einer Körperfettwaage, danach hätte ich beinahe nach einem Strick gesucht. Das ist ja *noch* schlimmer!
Eine Freundin von mir ist ähnlich groß und ähnlich schwer wie ich, trotzdem können wir nicht unsere Klamotten tauschen. Ihre Körperproportionen sind völlig anders als meine. Jeder Mensch ist unterschiedlich gebaut. Und daher sagt mir doch schon mein gesunder Menschenverstand, dass es nicht *die* eine Formel geben kann, die besagt, wie schwer wir zu sein haben.
Wer immer den BMI erfunden hat, gehört hinter Schloss und Riegel. Abgesehen davon, dass man hierbei eine ziemlich komplizierte Formel anwendet, begreife ich auch schlicht und ergreifend nicht, wozu sie gut sein soll. Warum soll ich mich im Quadrat ausrechnen, um mich danach wieder zu teilen? Hä? Nur damit im Anschluss irgendein Fuzzi von der Lebensversicherung sagen kann, dass ich für den Abschluss einer solchen zu dick wäre – und das, ohne mich jemals gesehen zu haben? Meine Abneigung zum BMI kann aber auch mit meiner natürlichen Abneigung gegenüber der Mathematik zu tun haben.

Die Frage, ob wir zu dick sind, sollte weder ein BMI-Rechner noch die *Bunte,* noch ein It-Girl auf Instagram beantworten, sondern nur wir selbst.
Apropos *Bunte*. Ich »lese« die tatsächlich nur beim Friseur und wundere mich immer über diese Rubrik, wo die Prominenten unter die Lupe genommen werden. Kennen Sie die? Neben diesen unvorteilhaften Bildern steht jeweils die Kilo-Angabe: + 7 Kilo. Oder − 10 Kilo. Ganz ehrlich: Solange es solche Rubriken gibt, die wahrscheinlich auch noch von Frauen geschrieben werden, können wir da überhaupt mit uns selbst zufrieden sein?
Wir allein müssen wissen, ob wir uns in unserer Haut wohlfühlen.
Ich habe inzwischen den direkten Vergleich. Ich weiß, wie man sich fühlt, wenn man rundlich ist, und wie es ist, wenn man schlanker ist. Für mich fühlt sich Letzteres besser an. Aber so richtig dünn war ich noch nie. Also ich konnte in meinem Leben tatsächlich noch nie bauchfreie Tops tragen oder so. Aber ich frage mich: Muss man das? In den Neunzigern, zu den Girlie-Zeiten, war es total hip, seinen Bauch zu zeigen. Heike Makatsch trug, als sie noch bei VIVA war, ständig bauchfrei. Ich fand das toll, bis ich meinen Bauch mal wieder mit ihrem verglich. Keine gute Idee.
Wobei wir wieder bei dem Punkt wären: Warum wollen wir schlanker sein? Etwa, um mit den Trends zu gehen? Ich persönlich glaube, dass das der falsche Ansatz ist. Wir glauben, dass wir uns erst dann gut fühlen, wenn wir schlank sind. Aber gute Gefühle erlangt man nicht über die Figur.
Klingt kompliziert? Ist es eigentlich nicht.
Kurz vor dem letzten und dazu noch erfolgreichen Abnehmversuch habe ich mich selbst gefragt: »Warum willst du eigentlich dünner werden?«

Ich habe für mich folgende Gründe gefunden:

- Während der Krebserkrankung und durch die OPs habe ich mich verändert, ich habe mich in meinem eigenen Körper nicht mehr heimisch gefühlt. Ich wollte mir, um es plump zu sagen, meinen Körper wieder zurückerobern.
- Ich wollte meinem Körper auch irgendwie danken, dass er mich durch diese schwere Zeit getragen hat; mit meinem Übergewicht hatte ich ihm nicht gedankt.
- Zu diesem flachen (operierten) Bauch wollte ich keinen Hintern, der in Größe 46 passt. Ich fand, dass das so richtig doof proportioniert aussah.
- Ich hatte den Wunsch, ohne Probleme mit den Kindern auf dem Boden zu sitzen und zu spielen und danach ganz locker wieder hochzukommen.
- Nur zu gern wollte ich im Sommer wieder ein kurzes Kleid tragen. Daran hinderte mich zwar keiner, aber es war mit meinem persönlichen Ästhetikempfinden in Größe 48 nicht vereinbar.
- Ich dachte, dass mich ein paar Kilo leichter attraktiver aussehen lassen würden.
- Ich wollte wieder einen Ganzkörperspiegel aufhängen.
- Ich wollte alles, was in meinem Kleiderschrank hängt, problemlos anziehen können.
- Ohne hinterher ein Sauerstoffzelt aufsuchen zu müssen, wollte ich Treppen steigen können.
- Ich wollte mehr Platz in Flugzeugsitzen.
- Mehr Platz auf Bistrostühlen.
- Ich wollte Klamotten kaufen, weil sie mir gefallen, und nicht nur, weil sie mir passen.
- Ich wollte die (therapiebedingten) Knochenschmerzen lindern.

- Ich wollte mich wieder gerne auf Fotos ansehen.
- Ich wollte einfach so meine Beine überschlagen können, ohne das eine schwerfällig über das andere zu hieven.
- Ich wollte im Winter Stiefel tragen.
- Ich wollte beim Sex wieder das Licht anlassen.

Und, in meinem speziellen Fall: Die Rezidivrate steigt tatsächlich mit dem Körpergewicht.

Fertigen Sie doch auch mal eine solche Liste an. Vielleicht entdecken Sie Ihnen bis dahin unbekannte Argumente, warum Sie abnehmen wollen. Oder aber Sie kommen zu dem Schluss, dass Sie es gar nicht möchten. Auch das wäre eine großartige neue Weisheit! Oder Sie werden sich bewusst, dass der ein oder andere Punkt gar nicht mit Ihrem Gewicht, sondern mit Ihrer persönlichen Einstellung zusammenhängt.
Schon von vielen Frauen habe ich gehört: »Ich würde so gerne mit meinen Kindern ins Freibad gehen … Streng genommen hindert niemand Sie daran, ins Schwimmbad zu gehen, genauso wenig, wie mich jemand daran hindert, beim Sex das Licht anzulassen. Zum Vergleich: Wenn Sie nach dem Treppensteigen kaum Luft kriegen, so haben Sie nur bedingt Einfluss darauf. Beim Freibad sieht das aber anders aus.
Was uns daran hindert, ins Freibad zu gehen, ist das »Was sagen die anderen?«-Problem. Natürlich könnte ich jetzt mit Phrasen kommen wie: »Es sollte dir egal sein, was andere denken« – doch auch wenn das stimmt, so weiß ich aus eigener Erfahrung, dass es so einfach nicht ist. Schon gar nicht, wenn die eigenen Kinder dabei sind. Und ja, ich hatte das Problem auch. Ich hätte nicht gewollt, wenn mein Sohn über seine Mutter zu hören bekommen hätte: »Boah, ist die aber fett.« Selbstbewusstsein hin, Selbstbewusstsein her.

Aber: Wir sollten uns überlegen, wie viel Macht wir dem Gewicht über uns geben. Die Zeit, in der unsere Kinder mit uns ins Schwimmbad gehen wollen, ist begrenzt. Mit achtzehn fragen sie uns nicht mehr. Und im Wasser rumzutoben ist eine tolle Sache. Ganz gleich, ob mit dickem oder dünnem Hintern. Wollen wir uns den Spaß nehmen lassen, nur weil wir ein bisschen rund sind? Ich nicht.

Und: Ist Ihnen einmal aufgefallen, dass selbst schlanke Frauen häufig gehemmt sind? Oder dass die allerwenigsten Menschen im Schwimmbad »perfekt« sind? Wenn Sie, so wie ich, Ihr Leben lang mit der Figur zu kämpfen hatten, dann ist der Weg, der vor Ihnen liegt, ebenfalls lebenslang. Gestalten Sie ihn sich so schön wie möglich. Und gehört Schwimmengehen für Sie dazu, machen Sie es einfach! Denn wenn wir – und auch hier spreche ich aus eigener Erfahrung – frustriert zu Hause bleiben, ist die Gefahr, vor Unzufriedenheit wieder zu essen, nicht unerheblich.

Lebensfreude und Gewicht dürfen in keiner Relation stehen. Ich behaupte einfach mal, dass ein Tag, an dem wir frustriert zu Hause bleiben und uns über uns selbst ärgern, weil wir nicht im Freibad sind, nicht förderlich für eine Gewichtsabnahme ist.

Und sollte Ihnen so rein gefühlstechnisch nichts Passendes einfallen, warum Sie abnehmen wollen, dann komme ich jetzt mal als Spielverderberin um die Ecke.

Denn bei all den lustigen Erfahrungsberichten und bei aller Selbstliebe können wir die langfristigen Folgen von schwerem Übergewicht nicht ausklammern. Die Optik ist sicher nicht unwichtig, aber diese Angelegenheit können wir leichter bewältigen, wenn wir nicht so streng mit uns sind. Die eigene Attraktivität beginnt ebenso im Innern, mit der eigenen Einstellung. Erst als ich ohne Haare, ohne Wimpern, ohne Augenbrauen und mit schwer aufgedunsenem Gesicht vor dem Spiegel stand, entdeckte ich, dass ich schöne Zähne habe. Was ich vorher nicht zu schätzen wusste, sah ich plötzlich mit anderen Augen. Wenn ich eins bestimmt weiß, dann dass Sie, egal wie viel Sie auf den Hüften tragen und Sie sich halbieren müssten, um in den grünen Bereich zu kommen, schöne Eigenschaften und Körperdetails haben – und sie sind gewichtsunabhängig schön. Vielleicht sollten wir darauf den Fokus legen. Doch wenn wir einen langen Weg vor uns haben, sollten wir wissen, was wir damit langfristig unserem Körper antun.

Ein selbst durch falsche Ernährung und Bewegungsmangel verursachter Diabetes (Typ 2) ist nichts, was man unbedingt haben möchte. Ebenso wenig wie Bluthochdruck oder Arthrose, um nur ein paar Krankheiten zu nennen, die durch Übergewicht verursacht sein können. Und auch gewisse Krebsarten steigen in der Wahrscheinlichkeit mit einem Zuviel an Körpergewicht.

Wenn ich mich ehrlich betrachte, weiß ich genau, was ich meinem Körper Ungutes antat und was sich jetzt verändert hat:

1. Schlaf

Ich habe oft nicht gut geschlafen. Ich war zwar kaputt und müde, aber ich kam nicht in den Schlaf. Ich hätte früher nicht vermutet, dass hier ein Zusammenhang besteht, aber da es jetzt anders ist, kann das kein Zufall sein.

2. Atmung

Oh, wie ich das genieße, dieses flotte Erklimmen der Treppen und das rasante Hinabsteigen. War ich früher irgendwo zu Gast und musste viele Stufen bis zur Wohnung nehmen, war es mir immer unangenehm, wenn ich erst einmal drei Minuten brauchte, um wieder zu Luft zu kommen.

3. Abgeschlagen

Im Vergleich zu heute war ich mit meinen vielen Kilos längst nicht so leistungsfähig. Das ist mit das Beste: Ich bin fit, den ganzen Tag fit. Und dass das nicht die Norm ist beziehungsweise war, durfte ich zuletzt nach einem großen Schoko-Eisbecher feststellen: Zusammen mit meiner Familie machte ich einen Tagesausflug; einen Tag im Zoo mit den Kindern und dem Ehemann. Anschließend bummelten wir noch ein bisschen durch die Stadt. Es war ein traumhaft schöner Tag, der Himmel wolkenfrei, bei knapp dreißig Grad. Was gehört dazu? Natürlich ein Eis. Ein Leben ohne Eis ist möglich, aber sinnlos, wenn Sie mich fragen. Ich hatte morgens gut neunzig Minuten Sport gemacht und beschlossen, dass ich einen Schoko-Becher doch gut vertragen könne.
»Boah, Mama, ist der aber riesig!«, riefen meine Söhne aus, als meine Bestellung serviert wurde.
Ja, das war er. Und er hat himmlisch geschmeckt! (Übrigens, falls Sie beim Lesen Hunger bekommen, schieben Sie es ruhig nachher auf mich.) Es war ein großer Genuss! Allerdings nur für zehn Minuten. Denn nachdem ich das Eis verspeist hatte, war mir, als hätte man den Stecker bei mir gezogen. Ich fühlte mich wie Dornröschen, als sie sich an der Spindel stach.

»Sollen wir noch ein bisschen am Rhein spazieren gehen?«, fragte mein entzückender Ehemann.
»Nee, Hase. Ich bin auf einmal so müde. Lass uns nach Hause fahren.«
Nach 2,4 Sekunden im Auto fielen mir die Augen zu. Ich habe eine Stunde fest geschlafen, und danach war ich noch müder als zuvor. Seit gut einem Jahr hatte ich mich nicht mehr so matt gefühlt, und ich hatte es nicht vermisst.
»Du bist, was du isst« – das scheint nicht bloß eine Phrase zu sein. Dass Zucker müde macht, ist bekannt, aber *soo?* Die Frage, die ich mir abends stellte: Hat sich der Eisbecher gelohnt? Zehn Minuten Genuss für diesen Preis? Vielleicht sollte ich Eis künftig direkt im Bett essen.
War es nicht ein wahnsinniger Hilferuf des Körpers, wenn er mit einer derart immensen Müdigkeit reagierte?
Seit diesem Tag habe ich noch viele Eis gegessen, aber immer ein Bällchen Joghurteis und nicht mehr den Jumbo-Schoko-Eisbecher.
Immenses Übergewicht hat Folgen, das können wir nicht ignorieren. Genauso natürlich immenses Untergewicht. Es sind immer die Extreme, die so gefährlich sind. Ein schlanker Körper ist sicher keine Garantie, um uralt zu werden, doch konsultiert man als gewichtigere Person einen Arzt, heißt es meist: »Nehmen Sie erst einmal ab!« Menschen mit Übergewicht hört man oft gar nicht zu. Das Gewicht ist aber garantiert nicht an allem schuld, daher sollte man es sich hierbei ebenfalls nicht zu einfach machen.
Aber es ist das, was wir in der Hand haben. Eigenbestimmtheit kommt auch hier zum Tragen. Und auch ich habe schon einige Menschen erlebt, bei denen orthopädische Operationen vorgenommen wurden. Anfangs hatte ich bei diesen mir bekannten Personen gedacht: Na ja, ein paar Kilo weniger

und ein bisschen Sport hätten das vielleicht auch gelöst.« Tatsächlich hatten die Betroffenen leider durch die Bank mit immensen Folgeerscheinungen zu kämpfen, sei es im Rücken nach diversen Bandscheibenvorfällen, in der Schulter oder im Knie. Ich bin kein Arzt und will mir keine fachliche Meinung anmaßen, aber neueste Untersuchungen haben ergeben, dass orthopädische Operationen vielfach unnötig seien. Und das in einem wirklich nicht unerheblichen Maße. Aber sie bringen Ärzten und Krankenhäusern Geld. Das nur mal so am Rande.

Also: Ihre Gesundheit wird es Ihnen auf Dauer eher danken, wenn Sie ein bisschen leichter sind. Eine Gewichtsreduzierung ist bestimmt nicht das Allheilmittel für alle gesundheitlichen Probleme, aber durch weniger Kilos können wir ein wenig dazu beisteuern.

Wenn wir als Erwachsene an Körpergewicht zulegen, ist das eine Sache, dramatisch aber wird es, wenn wir uns die Zahlen zu übergewichtigen Kindern anschauen.

Der Apfel fällt nicht weit vom Stamm, oder doch?

In Deutschland ist jedes sechste bis siebte Kind zu dick. Seit den Achtzigerjahren ist die Zahl an übergewichtigen Kindern um die Hälfte gestiegen. Hauptgrund Nummer eins: dicke Eltern. Gefolgt von zu wenig Bewegung, zu viel Fernsehen und zuckerhaltigen Getränken.
Was Studien belegen, kann ich auch beobachten, wenn ich meine eigene Vergangenheit betrachte. Ich war nie ein zierliches Kind, aber ich war bestimmt nicht dick. In den Achtzigerjahren war ich aber immer so mit die Stabilste in der Klasse. Schaue ich mir heute die Schülerinnen an, würde ich wohl zu den zierlicheren Mädchen zählen.
Wie sah damals mein Alltag in den Achtziger-, Neunzigerjahren aus? Ich ging zu Fuß zur Schule, später nahm ich den Bus. Bis zur Bushaltestelle musste ich einen Kilometer laufen. In der Grundschulzeit war ich um kurz vor 13 Uhr zu Hause, und meine Mama hatte etwas Gesundes, Frisches gekocht. Nach den Hausaufgaben ging ich wie alle Kinder aus der Nachbarschaft nach draußen. Dort spielten wir so lange, bis wir wieder reinmussten. Den ersten Gameboy bekam ich mit vielleicht elf Jahren. Den durfte ich aber nur abends zur Hand nehmen. Mehr Zeit hatte ich auch nicht für ihn, denn wir waren ja vorher im Freien. Es gab Schleckmuscheln, gemischte Süßigkeitstüten vom Kiosk und später auch mal eine Limo. Und das war okay, denn wir waren den ganzen Tag in Bewegung. Meine Freundin Julia, schon immer zierlich, aß

mindestens genauso viel Süßes wie ich, bewegte sich allerdings auch lieber.

Heute sind meine Jungs in der Mittagsbetreuung, und dreimal die Woche hole ich sie erst um 15 Uhr ab. Sie essen in der Kita oder in der Schule. Während ich von dem Schulessen begeistert bin, weil hier frisch und in Bio-Qualität (Waldorfschule) gekocht wird, bin ich von den Kita-Mahlzeiten nicht wirklich angetan. Die ausgewiesene Zusatzstoffliste trägt nicht zu meiner Beruhigung bei.

Das soziale Netzwerk, das früher in der Form von »draußen« bestand, gibt es heute kaum noch, da wir Mütter viel häufiger als damals berufstätig sind und die Kinder oft erst spät am Nachmittag heimkommen. Viele Kinder sind dann womöglich allein, bis die Eltern von ihren Jobs zurückkehren. Ich gehe jetzt nur von mir aus: War ich früher allein zu Hause, habe ich eher den Fernseher angemacht als Sport getrieben.

Eltern haben nur noch begrenzte Reserven, um gesund und frisch zu kochen, und greifen deshalb häufiger zu Convenience-Produkten. Manche Sportvereine klagen über gähnende Leere, weil die Kinder in Rekordzeit zum Abitur rennen und sie neben dem Geigespiel und dem »Asiatisch für Anfänger«-Kurs keine Zeit mehr für Fußball und Judo haben.

Ich kann mich nur den Meinungen vieler Experten anschließen, die dafür eintreten, dass das Fach Gesundheit in die Schule gehört. Aber hier muss es dann auch bitte umgesetzt werden. Oftmals, so meine Erfahrung, hapert es nämlich daran.

Ein Beispiel: Nach meiner Erkrankung fuhr ich mit meinen beiden Jungs zur Mutter-Kind-Kur. Eine schöne Einrichtung. Neben diversen Anwendungen gab es auch zahlreiche Vorträge zum Thema Ernährung. Die habe ich mir alle angehört. Viel Neues erfuhr ich zwar nicht, aber zum Auffrischen war es natürlich gut. Die Empfehlung für ehemalige onkologische Patienten lautete auch: selber, frisch und abwechslungsreich kochen, wenig bis keine Fertiggerichte verwenden, da sie versteckten Zucker und schlechte Fette enthalten. Nach einem solchen Vortrag gab es meist Abendbrot in dieser speziellen Kur, so wie jeden Tag dort. Und was fanden wir täglich am Buffet vor? Fleischsalat, diverse Convenience-Produkte, Toastbrot etc. Das meine ich mit Umsetzung. Wie gesagt: Wir haben in dieser Einrichtung drei Wochen verbracht, nicht drei Tage, in denen man vielleicht darüber hätte hinwegsehen können.

Würde man also in Schulen das Fach Gesundheit anbieten, wäre es schön, wenn die Kinder das Gelernte direkt in der Mensa oder in bewegten Klassenzimmern praxisnah umsetzen können. Da wir aber auf die Auswahl der Schulfächer nur bedingt Einfluss haben und die Verantwortung für unsere Kinder nicht abgeben können und wollen, sollten wir schauen, dass wir es selbst, was die Ernährung unserer Kinder betrifft, gut hinbekommen. Und weil ich lebenslang mit meiner Figur zu kämpfen habe, achte ich bei meinen (sehr schlanken und sportlichen) Kindern extrem darauf.

Perspektivenwechsel

Stellen Sie sich mal vor, auf einer der bekannten Frauenzeitschriften stünde plötzlich: »Das MUST-HAVE in diesem Sommer!« Und darunter wäre ein völlig normaler Po mit ein paar Dellen zu sehen.
Stellen Sie sich vor, irgendeiner würde plötzlich sagen: »Cellulite ist super! Ohne Cellulite bist du heute nicht mehr up to date.« Ja, stellen Sie sich vor, Orangenhaut wäre mega-in! Also, ist doch das Problem vielleicht nicht die Delle, sondern unsere Einstellung dazu.
In der medizinischen Forschung ändern sich die Meinungen doch auch laufend: Eine sehr lange Zeit hieß es, dass Kaffee schlecht sei. Er erhöhe den Blutdruck und entziehe dem Körper Wasser. Plötzlich wurde das Gegenteil propagiert: »Kaffee ist toll, Kaffee musst du trinken, dann wirst du alt.«
Oder nehmen Sie Kokosöl. Im Prinzip kann Kokosöl ja alles. Wer es nicht für 9,99 Euro im Schrank stehen hatte und als medizinische Allzweckwaffe nutzte, wurde schief angesehen. Und auf einmal wurden in diversen Studien Ergebnisse verkündet, die die grandiose Wirkung von Kokosöl bestritten. Einen ähnlichen Hype erlebten Chia-Samen. Sie galten wegen ihrer Omega-3-Fettsäuren als Superfood, weshalb sie sogar so gefragt waren, dass man uns Vogelfutter für Chia-Samen verkaufte! Dann aber kam heraus: Nur nicht zu viel davon essen, sie sind schädlich für die Gesundheit!
Ich stelle die Uhr danach, wann Kokoswasser und grüne Smoothies für giftig erklärt werden.

Zurzeit wird unsere Trinkmenge infrage gestellt. Ich habe, um ehrlich zu sein, nur darauf gewartet. Ich habe darauf gewartet, dass einer sagt: »Waas? Zwei Liter Wasser am Tag – das ist viel zu viel! Besser ist die Abwechslung!« Und wenn man mal genauer hinschaut, dann entdeckt man die Auftraggeber dieser Studie ... »Traue keiner Studie, die du nicht selbst gefälscht hast!« Mir erscheint es jedenfalls logisch, dass zum Beispiel der Konzern, der Coca-Cola herstellt, ein großes Interesse daran hätte, dass zu viel (Leitungs-)Wasser nicht gut für uns wäre.

Was ich damit zum Ausdruck bringen will: Alle Trends, alle Ideale sind menschengemacht und nicht gottgegeben. Und Studien verfolgen meist einen bestimmten Zweck, sodass in regelmäßigen Abständen alles an bisherigen Kenntnissen über den Haufen geworfen wird.

Wer hindert Sie daran, so zu denken, dass für Sie persönlich Cellulite am Po ganz wundervoll ist? Denn wenn in ein paar Jahren die ersten Studien belegen, dass Cellulite ein Hinweis für Intelligenz ist, liegen wir ganz vorne im Trend. (Ein Update, wie von mir erwartet: Noch während des Schreibens wurde eine Studie vorgestellt, in der es hieß, dass Frauen mit einem rundlichen Po intelligenter sind. Wer hätte das gedacht? Die Forscher führten dies auf mehr Omega-3-Fettsäuren im Blut zurück, die das Gehirnwachstum anregen. Entscheidend war das Verhältnis zur Hüfte, sprich: die Sanduhrfigur! Ich habe es Ihnen ja gesagt.)

Wäre unser Drang nach Schlankheit letztlich gestillt, wenn es keinen Bedarf nach Schlankheit mehr gäbe?

Vielleicht.

Denn was lässt uns unzufrieden sein?

Ich erinnere Sie an mein Schlüsselerlebnis mit dreizehn, als ich von der Zeitschrift *Bravo* in die (scheinbare) Realität ge-

holt wurde. Vergleiche jeglicher Art machen nicht glücklich. Es sei denn, Sie kommen danach zu dem Schluss, dass Sie die Allergeilste von allen sind. Aber wenn dem so wäre, würden Sie dieses Buch nicht lesen. Ha! Erwischt!
Und jetzt stellen Sie sich weiter vor, dass Konfektionsgröße 42 das neue Ideal wäre. Auf einen Schlag wären zig Millionen Frauen Supermodels. Wie schön, oder? Für uns schon. Für die Optimierungsindustrie aber nicht.
Verstehen Sie mich nicht falsch, ich gebe keiner Zeitschrift oder sonstigen Medien die Schuld an meinem Übergewicht. Um Gottes willen, nein. Aber ich finde, dass die Ideale, die uns gezeigt werden, nicht unbedingt nacheiferungswürdig sind und Sie als mündige Frauen durchaus das Recht haben, sich eigene Ideale zu setzen. Dafür müssen Sie weder eine *Cosmopolitan* kaufen noch einer Nivea-Werbung glauben.
Aber, und das ist natürlich wichtig: Es darf auch gleichzeitig kein Freibrief für Fettleibigkeit sein.
Ich denke, wir müssen hier zwischen »ein paar Kilos zu viel« und schwerer Adipositas unterscheiden. Das eine sind optische Makel, die eine Motivation sein können, um Veränderungen anzugehen. Das andere ist ein ernst zu nehmendes Krankheitsbild.
Ich war auf dem besten Weg dahin.
Im Laufe der letzten drei Jahre – das waren die Jahre nach meiner Genesung – hatte ich sehr stark zugenommen. Wenn wir jetzt mal von der Optik absehen, die tatsächlich reine Geschmackssache ist, so musste ich mir ganz persönlich die Frage stellen, ob ich das meiner Gesundheit antun will.

Halten

»In welcher Zeit?«
»Wie lange hast du gebraucht?«
Das sind die zwei häufigsten Fragen, die mir nach meinem Gewichtsverlust regelmäßig in den sozialen Medien gestellt werden.
Auf diesem Wege möchte ich allen meinen herzlichsten Dank aussprechen, dafür, dass ihr mich bei meiner offensichtlichen Gewichtszunahme nicht geradeheraus gefragt habt: »Krass, wie lange hast du dafür gebraucht?« – »Respekt, so schnell!«
Und ich müsste ja lügen, wenn die Dauer der Abnahme kein Faktum wäre, das mich nicht selber bei meinem zahlreichen Lesen der Vorher-Nachher-Geschichten interessiert hätte.
Doch, hat es.
Aber warum denn bitte?
Wenn wir schon die Frage nach der Dauer stellen, müsste sie eigentlich so lauten: »Wie lange schon kannst du das Gewicht halten?«
Zu Beginn meiner Entscheidung, mehr für meine Gesundheit zu tun, installierte ich die Weight-Watchers-App auf meinem Handy, und nach einer Woche Stillstand erfolgte sofort Meldung:
»Was hat nicht gestimmt?«
»Starte wieder durch!«
»Gib nicht auf!«
Da hätte ich durchdrehen können. Ein Stillstand bedeutete doch zuallererst einmal: »Super, du hast nicht zugenommen!

Das ist doch auch schon mal ein Erfolg.« Wenn ich diese Tatsache verinnerlicht und demnach gehandelt hätte, wäre es vermutlich gar nicht so weit gekommen, dass ich eine Abnehm-App brauchte.

Stillstand verweist auf ein »Halten«. Und das war, zumindest wenn ich von mir ausgehe, jahrelang ja genau der Kasus Knacksus. Also müsste meiner Meinung nach die App eine Fanfare ausstoßen: »Juhu, du hast es geschafft, dein Gewicht zu halten.« Und Zuspruch motiviert mich grundsätzlich mehr als eine »Demütigung«. Aber das ist Geschmackssache.

Das Abnehmen war tatsächlich nie mein größtes Problem, das war für mich ganz offensichtlich das Halten. Doch auf diese Schwierigkeit geht kaum einer ein, vielleicht, weil die Firmen, die Abnehm-Produkte herstellen und größte Versprechen in die Welt setzen, damit kein Geld verdienen können. Womöglich ist es sogar gewollt, dass wir wieder zunehmen. Ich weiß es nicht. Das klingt schon ein bisschen nach Verschwörungstheorie.

In unserer Abnehmwahn-Gesellschaft geht es nie ums Halten. Eventuell ist das gängigste Synonym dazu – Stillstand – so unsexy. Keiner will einen Stillstand, weder in der eigenen, geschweige denn kindlichen Entwicklung noch in der Weltwirtschaft – und erst recht bei dem Versuch, das Gewicht zu reduzieren. So, und weil das gar keiner beäugt, habe ich das mal für uns übernommen.

Insgesamt habe ich im Leben … mmmhhh … alles in allem bestimmt 50 Kilogramm ab- und wieder zugenommen. Hätte ich die Technik des Haltens beherrscht, wäre es wohl nie dazu gekommen. Das wollte ich bei diesem jetzigen Versuch völlig anders angehen. Also habe ich mir während der aktiven Abnehmphase ganz bewusst Halte-Phasen eingebaut.

Phasen, in denen ich lockerließ und in denen ich nur zwei Wünsche hatte:

1. Es sollte mir gut gehen.
2. Ich wollte nicht zunehmen.

Dazu stelle ich noch eine gewagte These auf. Bewegte sich die Waage nicht nach unten, obwohl eine negative Energiedifferenz zugrunde lag, habe ich sehr häufig beobachten können, dass das der Zeitpunkt war, an dem der Körper nachrückte. Als wenn die Formung des Körpers ein bisschen länger dauert als die schlichte Anzeige auf der Waage. Und diese Phasen habe ich dieses Mal ganz bewusst mit eingebaut. Das ging super, weil ich mir ja kein Ziel gesetzt hatte. So blöd, wie das klingt, aber dieses Mal war der eigentliche Weg schon das Ziel.
Und man kann keinen Lebensweg ohne Pausen bestreiten.
Meine Pausen umfassten den gesamten Dezember und den kompletten Februar (weil: Weihnachten & Karneval!) und viele Wochenenden.
Hier wollte ich nicht abnehmen, hier wollte ich nur halten.
Hat funktioniert! Das erste Mal in meinem Leben!
Was nützt Ihnen die beste Abnahme, wenn Ihr Körper sich dagegen wehrt. Ich glaube wirklich, dass jeder Körper einen Punkt hat, an dem er sagt: »Nö! Du kannst mich mal! Das gebe ich nicht mehr her.« Entweder wir akzeptieren das, oder wir schauen, ob wir einen Kompromiss finden. Die Halte-Phasen waren mein Kompromiss.
Außerdem habe ich sie genutzt, um meine Lernziele zu kontrollieren. Das hört sich ein bisschen dröge und wissenschaftlich an, nicht wahr? Das ist es auch. Aber wir sind uns inzwischen einig, dass eine langfristige Gewichtsabnahme eine

langfristige Ernährungs-, ach, was sag ich, Lebensumstellung benötigt. Und eine Umstellung muss man erlernen. Im Kindesalter lernt man schneller, im Erwachsenenalter braucht man ein bisschen länger. Ich habe mich sehr genau dabei beäugt, ob ich wieder in alte Verhaltensmuster, wie eben das Sekt-oder-Selters-Muster, gefallen bin.

Manchmal bin ich das. Aber immer nur ganz kurz und niemals, wirklich niemals, kam der Gedanke auf: Jetzt ist doch eh egal.

Eher klang es in mir jetzt so: »Du weißt, dass du das jetzt eigentlich nicht brauchst, aber dennoch steckt die Hand in der M&M-Tüte. Wenn du die jetzt isst, dann genieße sie – ohne schlechtes Gewissen! Versuche, den Geschmack zu halten, du wirst sie danach für sehr lange Zeit nicht mehr essen.«

Hat geklappt. Leider, wirklich leider, schmecken mir M&Ms noch immer. Was soll ich machen? Ich kann nicht aus meiner Haut. Und nach einer kleinen, äußerst kleinen Portion ging es mir weder körperlich noch seelisch schlecht. Und mal ehrlich: Ist ein Leben ohne M&Ms überhaupt lebenswert? Ich weiß es nicht! Ich weiß aber mittlerweile, dass der Schlüssel in der Regelmäßigkeit und im richtigen Maß liegt.

Die goldene Mitte

Gibt man bei Instagram den Hashtag #Weiterbildung« ein, findet man so um die 35 000 Treffer. Eine ganze Menge. Find ich super. Beim Hashtag #Abnehmen sind es 2 355 789. Ich kann es auch auf Englisch versuchen: Rufe ich #weightloss auf, kann ich zwischen vierzig Millionen Kommentaren wählen, während ich unter dem Schlagwort #education nur auf ungefähr sieben Millionen Beiträge komme.
Gewicht zu verlieren ist nach wie vor in aller Munde. Nur wie wir darüber kommunizieren, hat sich durch die sozialen Netzwerke geändert. Wurden »Körnerfresser« in den Neunzigerjahren noch süffisant belächelt und als Randgruppe abgetan, so wird man heute fast gesteinigt, wenn man zugibt, noch Fleisch zu essen.
Dogmatismus, wohin man schaut.
Die einen verzichten auf Fleisch, andere gehen weiter und rufen laut den Veganismus aus, wieder andere verteufeln den Zucker. Und Hardcore-Grüne bekennen sich als Frutarier. Eines haben sie gemeinsam: Sie trinken neuerdings Kokoswasser und schwören auf grüne Smoothies.
Mir persönlich ist das alles zu viel!
Dabei würde ich wahnsinnig gerne auf Fleisch verzichten. Einfach weil ich ein tierlieber Mensch bin und es mir das Herz zerreißt, wenn ich auf der Autobahn an mit Schweinen beladenen Lkws vorbeifahre. Die schrecklichen Fernsehberichte über die Haltung von Tieren kann ich mir nicht

ansehen, es ist zu entsetzlich und anmaßend, wie wir Menschen uns über die Tierwelt stellen. Wer sagt denn, dass wir das dürfen? Aber dummerweise esse ich für mein Leben gern ein gutes Steak. Asche auf mein Haupt. Und diese veganen Ersatzprodukte, die nach Fleisch schmecken sollen – mag ich a) nicht und b) kann mir keiner erzählen, dass das gesund ist. (Haben Sie sich da mal die Zutatenliste angeschaut??)

Bei Fleisch musste ich für meine Familie und mich einen Mittelweg finden, der da lautete: wenig Fleisch, und wenn Fleisch, dann vom Händler unseres Vertrauens. So erkaufe ich mir mein gutes Gewissen, auch wenn ich gleichwohl weiß, dass ich eine Vogel-Strauß-Politik betreibe.

Was ich aber eigentlich sagen wollte: Ich kann mit keiner dieser extremen Ernährungsformen etwas anfangen. Alle diese Varianten sind mir zu anstrengend. Sicherlich bin ich ohne die Zunahme von Zucker – vor allem von verstecktem Zucker – fitter. Das weiß ich. Ich weiß auch, dass in einem Glas Rotkohl Zucker enthalten ist und dass dieser nicht als Zucker, sondern unter diversen Synonymen deklariert werden darf, die auf »ose« enden. Und ich finde, dass unsere Regierung gegen dieses Gebaren vorgehen müsste. Ein Fruchtzwerg war nie gesund und wird es nie sein. Ebenso wenig wie eine Milchschnitte in irgendeiner Art und Weise »wertvoll« sein wird.

Aber Achtung: Meine Kinder essen trotzdem beides. Hin und wieder finden Sie in unserem Kühlschrank eine Milchschnitte und einen Sahnepudding. Und das, obwohl ich genau weiß, dass es nicht so gesund ist wie eine Kiwi. Warum? Weil ich von Verboten jeglicher Art nichts halte. In dem Moment, in dem ich meinen Kindern diese Dinge vorenthalte, bekommen sie eine Wertigkeit, die ich nicht will. Abgesehen davon, möchte ich auch nicht, dass sie mit einem Fremden mitgehen, nur weil er ihnen ein Stück Schokolade anbietet. Oder sie sich auf Kindergeburtstagen in unbeobachteten Augenblicken den Bauch derart vollschlagen, dass ihnen schlecht wird.

Mir ist wichtig, dass sie wissen, dass es das alles gibt und dass man damit eigenverantwortlich umgehen kann. Dass bei ihnen gar nicht erst dieser Sekt-oder-Selters-Gedanke aufkommt. Mein großer Sohn ist zehn und mein kleiner sechs. Beide lassen jede Milchschnitte für einen Obstteller stehen, und ja, darauf bin ich stolz. Beide wissen, was Rosenkohl ist, und beide wissen, dass es Erdbeeren nur im Sommer gibt. Wenn wir gemeinsam essen und einer von ihnen lässt etwas liegen, ermahne ich mich, dass ich nicht »Ach komm, das schaffst du auch noch« sage, weil das nur *meine* Gewohnheit ist. Sie sind satt, ohne dass sie alles aufgegessen haben, und dieses Gefühl ist, das weiß ich aus eigener Erfahrung, das wohl Wichtigste überhaupt.

Eckhart von Hirschhausen, Mediziner und Kabarettist, sagte einmal in einem Fernsehinterview: »Gesunde Ernährung muss die einfachere sein.« Und ich finde, dass er damit vollkommen recht hat.

Ich bin sehr viel im Jahr unterwegs, und es wäre so viel einfacher, sich ungesund zu ernähren, glauben Sie es mir. Auf die Qualität von Raststätten will ich erst gar nicht eingehen, aber wenn Sie unterwegs eine Kleinigkeit essen wollen, können Sie immer Pommes bekommen, bei frischem Obst sieht es schon schwieriger aus. Im Ausland machte ich andere Erfahrungen, zumindest in Italien oder Spanien. Hier konnte ich an den Autobahnraststätten zwischen Obst und Gemüse to go und anderen gesunden Dingen wählen.

Doch da ich ja erfahren bin im Unterwegssein, kann ich vorbeugen, von den Cocktailtomaten habe ich Ihnen ja schon

erzählt. Kekse, Chips oder Weingummi finden Sie bei mir nicht mehr im Auto. Und wenn ich in einer mir fremden Stadt einen Auftritt habe und ich so gar nicht weiß, wo ich etwas essen kann, oder die Uhrzeit kein offenes Restaurant zulässt, dann gibt es eine Notlösung: Türkische Pizza mit Salat. Die bekommen Sie eigentlich immer und überall.
Und, natürlich: trinken, trinken, trinken. Und ja, natürlich, das bedeutet: Pipi machen an nahezu jeder Raststätte. Ich muss mal bei meiner Bank nachfragen, ob man Serways-Coupons als Kapital für ein Eigenheim hinterlegen kann. Vor Kurzem ergab eine Hochrechnung, dass die Deutschen Serways-Coupons in Höhe von vier Millionen Euro verfallen lassen. 3,5 Millionen Euro davon sind von mir.
Und gerade weil ich viel unterwegs bin, habe ich schlicht und ergreifend keine Lust, mich einer extremen Ernährungsumstellung auszusetzen. Ich bewundere aber aufrichtig alle Veganer, denen es mühelos gelingt, auf alle Lebensmittel tierischen Ursprungs zu verzichten. Für so etwas bin ich nicht willensstark genug, und sie entspricht auch nicht meiner Vorstellung von Genuss. Wenn Sie mich also nach meiner persönlichen Ernährungsform fragen, dann sage ich Ihnen: Es ist eine langweilige, ausgewogene – zurzeit kalorienreduzierte – Mischkost.

Die Suche nach dem Heiligen Gral – endet manchmal in Kuvertüre

Betroffene verstehen, was ich meine. Das Ehepaar Staudinger beim Einkaufen, wir schreiben das Jahr 2009. Es könnte auch 2008, 2007, 2012 oder 2013 sein – wurscht!
»Hase, du weißt schon, wie ungesund Chips sind? Das sind alles gehärtete Fette, und die verkleben dir innen drin alles.«
»Mmhh«, brummte mein Mann, während er zwei Chio-Chips-Packungen in den Einkaufswagen legte.
Ich war mal wieder abnehmtechnisch unterwegs und will nicht von mir weisen, dass ich hier und da meinen (permanent schlanken) Mann genervt habe.
»Müssen es drei Tafeln Schokolade sein? Reicht nicht eine?«, warf Frau Neunmalklug in den Raum.
»Ab drei Tafeln sind die im Angebot.«
»Bitte. Du musst es ja wissen. Ich esse die ja eh nicht.«
Rund fünf Stunden später lümmelten wir auf der heimischen Couch und sahen fern. Meine Abnehmpläne waren mir aber in diesen entscheidenden fünf Stunden irgendwie abhandengekommen. Gleiches ließ sich auch von den drei Tafeln Schokolade sagen, die mein Mann inhaliert hatte. (Während ich das aufschreibe, merke ich, wie sauer ich auf meinen Mann bin, weil er essen kann, was er will, ohne dass er ein Gramm zunimmt.) Auf jeden Fall hatte ich Hunger. Vielleicht lag es auch an einem gewissen Dreibeiner, der unentwegt Chips oder Schokolade oder beides zugleich in sich hineingeworfen hatte.

»Haben wir noch irgendwo Schokolade?«, fragte ich schließlich.
»Weiß nicht.« Was ich meinem Mann zugutehalte, ist die Tatsache, dass er niemals empört »Wie? Schokolade? Ich dachte, du willst abnehmen?« verlauten ließ. Hätte er das getan, ich hätte ihn mit Sicherheit sofort verlassen.
»Ich gucke mal.«
Der Punkt ist, wenn ich mich dazu entschlossen habe, Schokolade zu essen, beziehungsweise wenn das Teufelchen in mir beschlossen hat, Schokolade zu essen, dann brauche ich sie auch. Sofort. SOFORT, verstehen Sie?
»Hase, das kann doch nicht sein. Jetzt hast du alles, aber wirklich alles an Schokolade vernichtet?«
»Kann sein.«
Er verstand meine Not nicht.
Wie konnte er auch. Und die selbstbewusste Frau von heute, wo guckt sie, wenn gar nix mehr geht? GENAU! Bei den Backzutaten in der hintersten Schrankecke.
Kuvertüre!
Ja, ich gestehe, ich habe schon Kuvertüre gegen den Süßhunger gegessen. Und ich gestehe auch, dass ich davor in den Mülleimer geguckt habe. Auch unten in der großen Tonne, weil es schon vorkam, dass ich Schokolade aus Selbstschutz weggeworfen habe. Überall Fehlanzeige. So blieb nur die Kuvertüre.
Zur Info: schmeckt nicht!

Sport ist ...

Sport wird überbewertet! Das hatte mir schon Prof. Dr. Froböse zu verstehen gegeben. Und ich wünschte, ich könnte einen Punkt machen und dieses Kapitel abschließen. Aber meine Damen, wir wissen alle, dass das so nicht richtig ist und schon gar nicht pauschalisieren. Also werde auch ich mich diesem leidigen Thema noch einmal widmen.
Sicher, es stimmt, dass Sport bei der Abnahme überbewertet wird. Allein durch mehr Bewegung wird man kaum abnehmen. Denn um ein Kilogramm Fett zu verbrauchen, müssen Sie 7000 Kalorien einsparen. Siebentausend! Wissen Sie, wie lange Sie joggen müssen, um die zu schaffen? Bis Sie tot umfallen, und dann haben Sie sowieso nichts mehr davon.
Meine persönliche Sportbegeisterung hält sich seit ungefähr sechsunddreißig Jahren konstant in Grenzen. In jedem meiner Bücher habe ich mich dem Sport gewidmet, und Tiefenpsychologen würden wahrscheinlich daraus schließen, dass mein Verhältnis hierzu gestört ist.
Schon als Kind konnte ich Hüpfspielen oder einem Hinterherrennen, um jemanden zu fangen, so gar nichts abgewinnen. Aber trotzdem habe ich mich viel und gerne bewegt. Fahrradfahren, Rollschuhlaufen, Tanzen und Schwimmen, das habe ich total gerne gemacht. Und das hat sich bis heute auch nicht geändert, allerdings sind die Gelegenheiten weniger geworden. Bis ich 7000 Kalorien beim Rollschuhlaufen verbrauchen würde, wäre ich wahrscheinlich 120 Jahre alt.
Meine persönliche Vermutung: Die jeweilige Grundeinstel-

lung zum Sport ist eine angeborene Sache. Ich sehe das an meinen Kindern. Bei beiden Jungs legte ich von Anfang an großen Wert darauf, dass sie sich viel und mit Freude an der frischen Luft bewegen. Ich war mit ihnen beim Babyschwimmen, in Krabbelgruppen, beim Turnen etc. Sie haben sich im Fußballverein behauptet, und sie haben sich auch in einigen Disziplinen der Leichtathletik ausprobiert. Doch beide Jungs sind in ihrem Sportverhalten so unterschiedlich, wie Menschen es nur sein können.

Mein Großer geht nicht, er läuft, hüpft oder springt. Wie eine Gummipuppe, die unentwegt in Bewegung sein muss. Er läuft mit mir, spaziert mit mir, schwimmt mit mir. Ich wäre geneigt zu sagen, dass er (für meine Verhältnisse) eine Sportskanone ist. Anders der Kleine: Wenn ich ihn unter den schlimmsten Androhungen zu einem Spaziergang animieren kann, hält er nicht Ausschau nach einem Baumstamm zum Klettern, sondern nach einer Bank. Nach ungefähr 125 gelaufenen Metern stürmt er dann auf diese Bank zu und fordert das Picknick ein.

»Constantin, ich kann ja unser Zuhause noch sehen. Sag mir nicht, du hast schon wieder Hunger?«

»Mama, weißt du, wie anstrengend das ist?«

Max ist schon außer Sichtweite.

Während ein Tag auf der Couch für Max eine Strafe ist, so könnte Constantin es hier bequem sechs Wochen aushalten. Wie gesagt, ich habe beide Kinder gleich, nahezu identisch an Sport herangeführt. Da soll mir doch einer sagen, dass Genetik keine Rolle spielt ...

Und meine Genetik versuche ich nun schon seit Jahrzehnten auszutricksen. Mal mit mehr, mal mit weniger Erfolg.

Das Jahr 2000

Mit meiner Volljährigkeit und dem damit einhergehenden Führerschein meldete ich mich das erste Mal in einem Fitnessstudio an. Voll geschäftsfähig und mit einem eigenen Minijob-Einkommen, durch einen Job neben der Schule. Weder davor noch danach war ich in meinem Leben stolzer als in diesem Moment.
Meine Freundin Julia – sie gehört eher der Fraktion Sportskanone an – folgte mir und meldete sich ebenfalls im Fitnessstudio an. Mit einem völlig neuen Freiheitsgefühl düsten wir in unserem Toyota Starlet oder Polo ein paar Dörfer weiter in die Muckibude.
»Wie lange willst du bleiben?«, fragte mich Julia auf dem Parkplatz.
»Ich gehe als Erstes dreißig Minuten aufs Laufband und dann eine Stunde lang an die Geräte«, erklärte ich selbstsicher und motiviert.
»Alles klar, so machen wir es.«
Sämtliche Laufbänder waren belegt. Gut, dafür konnte nun keiner etwas. Also starteten wir mit den Geräten. Julia wählte ein Abduktorentraining, ich wählte ein Adduktorentraining. Für die nicht so ganz Sportlichen unter Ihnen: Das sind Muskelübungen, in unserem Fall für die Oberschenkel, Innen- und Außenseite.
Wir setzten uns gegenüber, und nach vier Wiederholungen bekamen wir einen solchen Lachanfall, dass uns ein Personaltrainer fragte, ob denn alles in Ordnung mit uns sei. Wir waren jung. Und heute könnte mir so kindisches Verhalten auch garantiert *niiie* mehr passieren.
»Fahren wir zu McDonald's?«
»Jo.«

Damit endete meine erste Fitnessstudio-Mitgliedschaft schon in der Widerrufsfrist.

Winter 2007

»Weißt du, worauf ich mal richtig Lust hätte?«
»Nee, sag«, antwortete mein Ehemann, nicht ohne einen klitzekleinen genervten Unterton in seiner Stimme.
»Auf Schlittschuhfahren!«
»Ach, ich wusste gar nicht, dass du das kannst.« Er blickte von der Tageszeitung auf.
»Ähm, na klar. Also, sagen wir mal so, ich kann zumindest super Rollschuhlaufen. Warum sollte ich dann nicht auch super Schlittschuhfahren?«
»Maus, wir sind jetzt seit sechs Jahren ein Paar. Ich habe dich noch nie auf Rollschuhen gesehen.«
»Oooh, ey – als Kind bin ich viel auf Rollschuhen unterwegs gewesen, aber das ist doch wie Fahrradfahren, das verlernt man nie. Und romantisch ist es auch. Komm schon!«
Es war eines der ersten Jahre, in denen in der Kölner Innenstadt zur Weihnachtszeit eine Eisbahn aufgebaut worden war. Ich malte mir aus, wie toll es sein würde, mit wehenden Haaren und Hand in Hand vor der Altstadtkulisse ein paar Runden mit dem Mann meiner Träume zu drehen. Und weil dieser Mann mir schon damals nichts abschlagen konnte, fanden wir uns wenig später in der doch sehr langen Schlange vor dem Schlittschuhverleih wieder.
»Das ist aber voll. Wie soll man denn bei so viel Menschen auf dem Eis richtig schön fahren können?«
»Soll ich alle bitten, von der Fläche zu verschwinden, damit du Pirouetten drehen kannst?«

»Sehr witzig.«
Wir zogen uns die geliehenen Schuhe über, danach ging mein Mann schnellen Schrittes über den Vorplatz auf die Eisfläche. Ich konnte auf den Kufen noch nicht einmal stehen, geschweige denn gehen. Erstmals wurde mir bewusst, dass die »Frisch verliebt«-Phase nach sechs Jahren definitiv vorbei war. Denn mein Mann vermisste mich erst, nachdem er bereits die erste Runde gelaufen war, während ich noch immer versuchte, mich in eigenartigen Joe-Cocker-Bewegungen zur Eisfläche zu manövrieren.
»Wo bleibst du denn?« Sportlich-elegant glitt er an die Bande.
»Die Schlittschuhe haben eine ganz miserable Qualität.«
»Findest du?«
»Klar, dass dir Grobmotoriker das nicht auffällt.«
Er grinste und düste, um eine nächste Runde zu absolvieren.
»Oh sorry! Pardon … Entschuldigung … Mist … Darf ich mal?« Ich hangelte mich nicht gerade gekonnt an der Bande entlang und versuchte todesmutig, hier und da diese loszulassen.
»Hey, was soll das denn?« Eine junge Frau kam sehr wütend auf mich zugefahren. Sie hatte anscheinend mein Verhalten gegenüber ihrem festen Freund eifersüchtig verfolgt, dem ich aus lauter Angst um den Hals fiel, um nicht aufs Eis zu knallen.
»Entschuldigung, ich musste mich nur irgendwo festhalten.«
»Aber nicht an ihm«, fauchte sie mich an und zog meinen rettenden Anker mit sich fort.
Plumps. Passiert. Elfengleich lag ich auf dem Boden, und meine Versuche, wieder aufzustehen, machten die Runde. Vor allem bei den unsportlichen, an den Seiten stehenden Gaffern, die ihre urkölschen Kommentare stante pede dazu abgaben:

»Och luuuuurens, en Eisprinzessin!« (Och, schau mal, eine wunderschöne Eisprinzessin!)
»Mädsche, wat mähst du denn da?« (Entschuldigen Sie, aber kann ich Ihnen helfen?)
»Isch kann nit mieh!« (So gut habe ich mich schon lange nicht mehr amüsiert.)
Der nicht mehr frisch verliebte Mann fand mich nach einer gefühlten Ewigkeit am Boden und half mir wieder auf die Beine. »Was ist denn jetzt mit deiner Pirouette?«
»Lass mich in Ruhe. Ich will nach Hause!«
Ende der Eisprinzessin-Story.

Heute

Ich könnte meine sportlichen Anekdoten auf die Länge einer Enzyklopädie ausweiten, aber sparen wir uns das und gucken wir uns lieber an, wie es heute ist.
Ja, ich mache Sport, schon seit geraumer Zeit regelmäßig. Nach vielen Versuchen bin ich jetzt an diesen Betätigungen hängen geblieben:

Laufen

Zwei- bis dreimal die Woche, je nachdem wie mein Kalender es zulässt, jogge ich. Sie werden es nicht glauben, aber ich habe im Auto stets meine Turnschuhe dabei, falls ich in einem Hotel übernachte, in dem es einen Fitnessraum und ein Laufband gibt. Ich bin immer noch erstaunt über mich selbst, wenn ich genauer darüber nachdenke.
Und jetzt halten Sie sich fest, es kommt nämlich noch besser: Es gibt Minuten, da macht es sogar ein bisschen Spaß. Ich habe für mich nur noch nicht herausgefunden, womit das

zusammenhängt. Ich weiß nur, dass da eine gewisse Abhängigkeit von der Tagesform besteht. Ich bin lieber in der Natur als auf dem Laufband unterwegs, allerdings fällt es mir auf dem Laufband wesentlich leichter, denn auf ihm gibt es keine Steigung. Also, das könnte man natürlich entsprechend einstellen, aber ich bin ja nicht irre. Steigungen machen mich wahnsinnig, die bringen mich raus aus meinem Rhythmus. Auf dem Laufband aber, jedenfalls bilde ich mir das ein, komme ich ganz schnell in einen Kopf-frei-Modus. Die Gedanken fangen mit zu laufen an und schweifen unglaublich toll ab. Mich darf nur keiner ansprechen. Weder im Wald noch auf dem Laufband. Es kann dann passieren, dass ich augenblicklich hinfalle. Wenn ich in Gesellschaft laufe, bin ich folglich längst nicht so fit, als wenn ich nur für mich jogge.
Die besten Jogging-Bedingungen wären für mich: auf einer menschenverlassenen, völlig ebenen, stock- und steinfreien Lichtung, auf der immer die Sonne scheint. Findet man zugegebenermaßen nicht so oft. Also jogge ich auch unter normalen, für mich aber immer noch schwierigen Bedingungen.

Krafttraining

Ist ja so was von in zurzeit: Sich mit dem eigenen Körpergewicht zur Modelfigur stemmen. Squats, Jumping Jacks (so heißen die Hampelmänner heute), Planks und wat weiß ich. Ich mache sie alle! Ja, tatsächlich. Alle.
Ich habe mich auf einer Online-Plattform angemeldet, die mir das Fitnessstudio quasi ins Wohnzimmer bringt. Und davon bin ich gänzlich begeistert. Seit Monaten finden Sie mich täglich – ich wiederhole: *täglich* – vor dem iPad, beim Nachturnen. Jeden Tag eine Stunde, eine Kombination aus Kraft- und Ausdauertraining. Und das erste Mal sehe ich Ergebnisse. Und fühle sie.

Ich habe Kraft, für meine Verhältnisse richtig Kraft, und das macht mir Spaß. Denn aus der Kombination von Ausdauer und Kraft hat sich etwas entwickelt, was ich so nicht für möglich gehalten hätte: Kondition. Sie ist ein scheues Reh, diese Kondition. Und so lange wie man braucht, sie aufzubauen, so schnell verschwindet sie auch wieder, wenn man mit dem Training nachlässt.

Kondition zu haben mit zwei Kindern ist etwas ganz Großartiges. Ich bin sogar geneigt, dies mit auf die »Lebensqualität«-Liste zu setzen. Und ich meine auch zu beobachten, dass meine Kinder ebenfalls Spaß an mir und meiner Kondition haben. Das ist ein äußerst erfreulicher Kreislauf, denn so bin ich immer wieder aufs Neue motiviert, dranzubleiben.

Trampolin

Dieses supertolle Teil testete ich in der Mutter-Kind-Kur aus, nach meiner Krebserkrankung, und ich fand es von Anfang an großartig. Was mich danach abgehalten hatte, war der Preis. Kleine, zierliche Frauen können vielleicht auf ein Discounter-Trampolin ausweichen, aber das erschien mir bei meiner Figur als ein zu großes Wagnis.

Irgendwann schrieb ich den Porsche unter den Trampolinherstellern an, und fragte, ob sie mir ein solches Gerät aus Recherchegründen zur Verfügung stellen würden. Um bei der Wahrheit zu bleiben: Sie erklärten sich einverstanden. Und ich muss Ihnen ehrlich sagen: Für mich gibt es nichts Besseres. Je nach Übung muss ich so lachen und habe unendlich viel Spaß. Zu Beginn war ich skeptisch aufgrund der hundert Millionen Narben und ob ich die Schwingungen gut vertrage. Aber, alles bestens. Es ist sehr gelenkschonend, und ich bilde mir ein, dass es supergut für das Bindegewebe ist.

Nachteil: Dieses Trampolin kostet relativ viel Geld und ist

auch recht groß, sprich: Man braucht Platz. Aus meiner Perspektive aber lohnt sich die Anschaffung total.

Pilates
Tja, das ist so eine Sache. Ab und zu mache ich Pilates, doch mit einem großen Aber. Denn, meine Damen, ich bin mir nicht sicher, ob ich meine Sitzbeinhöcker jemals gefunden habe. Weder die vorderen noch die hinteren. Und diese freundliche Frau auf meiner Pilates-DVD sagt immer wieder, mit dieser ruhigen, monotonen Stimme: »Bitte konzentrieren Sie sich auf Ihre Sitzbeinhöcker.« Meint sie den Po? Ich weiß es nicht. Ebenso habe ich Probleme bei der Vorstellung, ein Seil würde mich nach oben in die Länge ziehen, und für die richtige Atmung bin ich anscheinend auch zu blöd. Aber abgesehen von all diesen kleinen Problemchen mache ich manchmal so etwas Ähnliches wie Pilates.

Aber, mal ehrlich … was nutzt das beste Fitnessstudio, die beste Sport-DVD und das tollste Trampolin, wenn Sie mit dem Aufzug in die erste Etage fahren? Entscheidend ist, dass wir unseren gesamten Alltag beweglicher gestalten. Wenn Sie mit öffentlichen Verkehrsmitteln unterwegs sind, könnten Sie zum Beispiel eine Haltestelle früher aussteigen. Oder grundsätzlich die Treppen statt der Rolltreppen nehmen und ab und an mal aufs Fahrrad umsteigen. Da freut sich sogar die Umwelt.
Doch warum schreibe ich Ihnen das alles?
Bestimmt nicht, um zu behaupten, dass ich die neue Fitness-Queen bin. Davon bin ich weit entfernt. Sehr weit. Aber Sport bringt mir mehr, als dass er schadet. Die Konfektionsgröße, die ich aktuell trage, ist bei meinem Gewicht eher ungewöhnlich, und das schreibe ich dem Sport zu. Außerdem

esse ich immer noch so wahnsinnig gerne, und über die letzte Weihnachtszeit war Bewegung mein rettender Anker. Natürlich hatte ich zugenommen, aber nicht viel, und ich war auch nicht träge oder müde. Sport hilft mir, am Ball zu bleiben. Wogegen es jedoch nicht hilft, das ist Cellulite. Jedenfalls bei mir nicht. Aber wir hatten ja auch beschlossen, dass wir die Dellen ab sofort cool finden.

»Was stinkt hier so?«

»Können wir los?«, fragte mich mein Mann auf dem Weg zum Einkaufen.
»Warte. Ich muss noch eben alles aufschreiben: Weißkohl, Zwiebeln, Paprika, Sellerie, Lauch ...« Nicht dass ich eine Zutat von dem neuen Wunderrezept vergesse.
Meine Freundin Maike hatte mir von dieser »wahnsinnig erfolgreichen Diät« berichtet, mit der sie selbst in einer Woche fünf Kilo abgenommen hatte. Logisch, dass ich sie ausprobieren musste.
»Was gibt es denn?«, fragte der neugierige Göttergatte.
»Für mich eine Woche lang leckere Kohlsuppe!«
»Mmmmh, das klingt ja köstlich«, murmelte er in seinen Bart.
Heute gibt es verschiedene Varianten des Kohlsuppen-Diät-Klassikers. Ich entschied mich damals natürlich für die krasseste Version: *nur* Suppe. Und ganz viel trinken. Fünf Kilo in einer Woche verlieren sich nicht von allein.
Zurück vom Einkauf, bereite ich die Wundersuppe wie vorgeschrieben vor. Dabei meinte ich, einen leichten Geruch nach Urin wahrzunehmen.
»Boah, was stinkt denn hier so?«, fragt der grün angelaufene Ehemann.
»Jetzt übertreibst du aber, Hase. Weißt du, wie gesund die Suppe ist?«
»Wie kann etwas, das so stinkt, gesund sein?«
Eine nicht unberechtigte Frage.

Den ersten Tag stand ich todesmutig durch, und die Suppe schmeckte, na ja, gut wäre übertrieben, aber man konnte sie essen. Am zweiten Tag verspürte ich beim Anheben des Topfdeckels einen leichten Anflug von Übelkeit, aber es ging, als ich mir die Nase beim Essen zuhielt. Einigermaßen. Was gar nicht mehr ging, war meine Laune.
Ich hätte im Leben nicht gedacht, dass ich so gereizt sein konnte. Auf alles und jeden.
An Tag drei meinte mein Ehemann: »Sei mir nicht böse, aber kann es sein, dass du komisch riechst?«
Das war der völlig falsche Satz angesichts meiner latenten Angespanntheit, auch wenn ich ihm leider recht geben musste: Ich stank nach Kohlsuppe! BAH! Das einzig Gute: Der Geruch holte mich aus meinen Essensfantasien wieder zurück, denn inzwischen sah ich die Menschen um mich herum nur noch in Form eines halben Hähnchens.
Neben dem Geruch hatte ich übrigens einen Bauch, als wäre ich im achten Monat schwanger. Kohl lässt einen nicht nur aus jeder Drüse stinken, Kohl bläht auch auf. Übrigens roch auch das gesamte Haus nach Kohlsuppe.
An diesem Abend beschloss ich, dass es genug mit der Kohlsuppe sei.
In den knapp sechzig Stunden mit dieser Wundersuppe verlor ich drei Tage.

Lasagne

Meine Jungs sterben für Lasagne. Und zwar für die, die ich mache. Ich will nicht angeben, aber ich bereite die weltbeste Lasagne zu. Mit allem Drum und Dran. Vor allem mit einer Béchamelsoße zum Niederknien (ich haue da nämlich noch eine gute Handvoll Parmesan rein!).
Béchamelsoße und ein Buch übers Abnehmen ... mmmhh ... finde den Fehler. Dennoch: Es ist wichtig, dass wir das mal in einen Zusammenhang stellen. Ich gebe zu, Lasagne mit Béchamelsoße ist jetzt nicht unbedingt das beste Gericht, um Gewicht zu verlieren. Aber darauf will ich nicht hinaus.
Früher bin ich Lasagne-Samstage (ich weiß nicht, warum, aber diese Pasta gibt es bei uns meist samstags) ganz anders angegangen, als ich das seit einem knappen Jahr mache.
Früher lief das so ab:
»Ich dachte, es gibt Lasagne ...«, fragte mein Mann irritiert.
»Die ist schon im Ofen. Ich mache mir eine Gemüsepfanne.«
»Köstlich«, grinste er angesichts meiner Wirsing-Irgendwas-Pfanne.
Okay, ich gebe zu, Wirsing klingt nicht wirklich sexy und sieht auch nicht so appetitlich aus, aber ich mag ihn gerne. Natürlich mag ich Lasagne lieber. Aber ich war mal wieder im Abnehm-Modus.
Während ich das Mahl für meine Jungs und meinen Mann vorbereitet hatte, probierte ich auch höchstens siebzehnmal vom Hackfleisch-Ragout und neunmal von der Béchamel-

soße. Kleine Löffelchen, aber ich musste ja alles abschmecken. Genauso wie ich auch checken musste, ob die Pasta schon gar war. (Und die letzten Reste, die sich später noch in der Auflaufform fanden, konnte ich unmöglich wegwerfen.) Während die Jungs über die Lasagne herfielen, mümmelte ich auf einem Wirsingblatt herum.
Ganz objektiv sah die Sache aber so aus: Die Mengen, die ich vorher probiert hatte, hätten locker eine kleine Portion Lasagne ergeben.

Heute mache ich das anders.
Exakt andersherum. Ich lasse das Probieren weg (der Hase schmeckt ab), und ich gönne mir ein Stück Lasagne mit meiner Familie, schön bei Tisch. Und die schmeckt, sage ich Ihnen. Danach geht es mir gut. Körperlich wie seelisch, denn ich bin zufrieden.
Darin liegt der große Unterschied: Dieses ewige zweierlei Kochen, dieses »Eigentlich würdest du auch lieber Lasagne essen«-Gefühl und das »Ich bin so eine arme Wurst, für mich gibt's ja nur Wirsing«-Getue, habe ich komplett abgelegt. Auch hier habe ich für mich beschlossen: Das Leben ist zu kurz für Nicht-Lasagne-Tage.
Ich koche dieses Gericht nicht viermal die Woche. Wenn es hochkommt, einmal im Monat, eher weniger. Damit muss sich mein Körper abfinden. Und das macht er auch.

Wo wir gerade bei dem Thema Kochen und Familie sind: Ich gebe zu, das ist keine leichte Sache. Für meine Jungs koche ich anders als für mich, denn meine Kinder haben andere Essbedürfnisse. Meist gehe ich so vor, dass ich mir etwas vom Gemüse wegnehme, das ich für Max und Constantin zubereitet habe, bevor ich für sie die Soße mache. Oder ein Stück-

chen Butter an die Kartoffeln oder Nudeln gebe. Das ist ein »Opfer«, das ich gerne bringe, da habe ich auch nichts dagegen, zweierlei zu kochen.
Aber wissen Sie, was mich wirklich fertigmacht?
Wir haben immer Süßkram daheim. Gerade am Anfang meiner Ernährungsumstellung kam ich mir selbst oft wie ein trockener Alkoholiker vor. Ich wage zu bezweifeln, dass trockene Alkoholiker vergleichbare Mengen von Rotwein im Haus haben. Bestimmt nicht, wenn sie es gerade geschafft haben, die Finger vom Alkohol zu lassen. Und so empfinde ich es schon als Herausforderung, wenn duplo, Kinderschokolade und Co. bei uns herumliegen.
An den Tagen, an denen mein Kopf »stimmt«, an denen macht es mir gar nichts aus, wenn ich diese Süßigkeiten entdecke. Da können sie sich meterhoch neben mir auftürmen, es interessiert mich nicht. Aber welcher Mensch hat denn immer gute Tage? Also, ich nicht. Und ab und an, in Schreib- oder eng getakteten Auftrittsphasen, da können mir die schlechten Tage gefährlich werden.
Bei Süßem funktioniert es leider nicht so gut wie bei der Lasagne. Während ich bei der Pasta mit einer normal großen Portion zufrieden bin, verlangt die Schokolade, immer vollständig aufgegessen zu werden. Eigentlich habe ich im Leben zu viel erreicht, um mir von einer Tafel Schokolade etwas sagen zu lassen, aber irgendwie hat sie immer die besseren Argumente. Neuerdings bieten ein paar Hersteller wiederverschließbare Packungen an. Ich musste lachen, als ich sie im Supermarkt sah. Wer braucht denn so was?

Zurück zur Familie.
Einseitige Diäten, Pulver, High Carb, Low Carb, No Carb – das ist garantiert nicht für Kinder geeignet. Eine ausgewo-

gene, frische und bunte Kost aber schon. Daher funktioniert es aus meiner Sicht ziemlich gut, wenn man sich an eine kalorienreduzierte Mischkost hält. Streng genommen muss es das auch, denn sonst wäre es einfach ein weiterer Punkt auf der Ausreden-Liste, der uns daran hindert, eigenverantwortlich zu handeln.

Mein großer Sohn hat schon den ein oder anderen Gewichtsreduzierungsversuch miterlebt, weshalb er gern Kommentare abgibt wie: »Ach, die Mama will wieder 'nen dünneren Popo!« Anfangs hatte er auch mein Sportprogramm belächelt, aber inzwischen könnte man den Eindruck gewinnen, dass er die Fortschritte, die ich gemacht habe, gar nicht so schlecht findet. Und dennoch ist es wichtig, dass wir unsere Kinder immer wieder dazu anhalten, dass der Umfang eines Hinterns nichts über einen Menschen aussagt.

»Mama, du hast ja ein Kleid an!«, sagte Max an einem Hochsommertag.

Ich trage gerne Kleider, aber in den letzten Jahren eher weniger, aus den bekannten Gründen.

»Gefällt es dir?«

»Es sieht perfekt aus!« Und das aus dem Mund eines Zehnjährigen. Das kam einem Ritterschlag gleich.

Aber machen Sie sich keine Sorgen, ich wurde augenblicklich von meinem kleineren Sprössling geerdet: »Mama, weißt du, was ich am meisten an dir liebe?«

Die Mama stellte sich in Position für weitere Liebesbekundungen: »Nee, mein Schatz – sag!«

»Du siehst nackig aus wie der Wackelpudding im Kindergarten. Und das wird auch immer so bleiben.«

Ach ja, Kinder. Sie geben einem so viel zurück!

Männer

Ich habe in diesem Buch schon öfter gefragt, warum wir eigentlich abnehmen wollen. Über eine Angelegenheit haben wir in diesem Zusammenhang aber noch gar nicht gesprochen, dabei ist sie, wenn wir ehrlich sind, nicht außer Acht zu lassen: Es betrifft die Dreibeiner. Die Herren der Schöpfung. Was mögen die überhaupt?
Ich habe, weil es nahelag, mal meinen eigenen Mann gefragt. Geradeheraus. Und selbstverständlich möchte ich Sie an diesem erhellenden und wortreichen Gespräch teilhaben lassen:
»Wann denkst du bei einer Frau: Hui, ist die dick!?«, begann ich die Unterhaltung.
»Wenn eine Frau sich nicht entsprechend kleidet. Wenn sie meint, sich in bestimmte Sachen reinzwängen zu müssen.«
»Also, wenn es zu eng oder zu kurz ist?«
»Ja, wenn es einfach nicht passt. Weder figürlich noch von der Größe her.«
»Wie sehr nervt dich meine ewige Ab- und Zunehmerei?«
»Gar nicht.«
»Gab es Momente, wo du dachtest, jetzt wäre es Zeit, dass ich abnehme?«
»Nein.«
»Glaubst du, wir Frauen machen uns zu viel Stress, was die Figur angeht?«
»Ja.«
»Rückblickend, wann fandst du mich am attraktivsten?«
»Immer.«

»Mit Verlaub, du bist auch nicht schlanker geworden, seit wir geheiratet haben. Findest du dich ein bisschen zu dick?«
»Äh, nee!«
»Ich dich ein bisschen schon.«
»Aha.«
»Ist dir egal?«
»Ja.«
Nicht dass man dieses Interview zusammenfassen müsste, aber ich versuche es doch mal auf den Punkt zu bringen: Meinen Mann tangiert es nur peripher, wie dünn oder dick wir Frauen sind, und er selbst findet sich ziemlich okay, so wie er ist. Dafür liebe ich ihn. Natürlich haben wir beide schon auf bittere Art und Weise erfahren müssen, dass es auf das Äußere nicht ankommt. Aber ich bin mir sicher, dass er auch schon vor meiner Krebserkrankung so und nicht anders gedacht hat.

Nun gucke ich mal zurück auf meine »Sturm und Drang«-Zeit. Tatsächlich hatte ich nie ein Problem, Männer kennenzulernen. Ob mit mehr oder weniger auf den Hüften. Und jetzt, wo Sie das wissen, vergessen Sie das Kapitel auch schnell wieder. Denn mal ganz ehrlich, meine Damen, in welchem Jahrhundert leben wir? Es dürfte inzwischen wirklich nicht mehr relevant sein, was Männer über unsere Hüften denken. Es geht eher um das, was wir ausstrahlen. Wenn Sie sich in Ihrer Haut nicht wohlfühlen, sieht und spürt das auch Ihr Gegenüber. Oft genug habe ich in Boutiquen Frauen beobachtet, die sich in einer Hose in Größe 36 zu dick oder zu unattraktiv gefühlt haben. Die Ausstrahlung hat nichts mit dem Körperumfang zu tun, sondern nur mit meinem, Ihrem, unserem eigenen Körpergefühl.
Aber wie können wir das steigern?

Obwohl ich knapp 30 Kilo abgenommen habe, bin ich von Model-Maßen noch weit entfernt. Selbst von einem BMI im grünen Bereich bin ich noch einige Pfunde entfernt. Aber wenn Sie mich heute fragen: »Und, Nicole, fühlst du dich wohl?«, so würde ich aus tiefstem Herzen mit einem »Ja« antworten. Ja, ich fühle mich sehr wohl. Auch mit einem immer noch runden Po, auch mit diversen körperlichen Makeln, und selbst mit der Größe »L« bei T-Shirts.

Neulich sagte eine Bekannte zu mir: »Ach, da geht aber noch was!«

»Wer geht wohin?«

»Haha«, lachte sie. »Nee, ich meine bei dir. Du kannst ruhig noch ein bisschen abnehmen.«

»Ja, das kann ich«, erwiderte ich. »Oder auch nicht. Und weißt du, wer das bestimmt? Nur ich!«

Und so ist es. Nur Sie allein bestimmen das.

Während für die eine Frau vielleicht »Uhu« (unter hundert Kilo) ein tolles Ergebnis ist, fängt eine andere da erst an. Das ist alles eine Frage der eigenen Perspektive und nicht der von Meinungen, die von außen vorgegeben werden. Alles, was uns von außen vorgegeben wird, ist für viele von uns eine unrealistische Erwartung, wir werden das sowieso niemals erreichen können. Es macht einen enormen Unterschied, ob ich etwas für mich oder für andere tue. Ich habe für mich abgenommen. Ich bin eine erfolgreiche Geschäftsfrau (wenn ich das so sagen darf), habe einen klasse Mann und tolle Kinder. Es gab eigentlich keinen Grund, etwas ändern zu müssen, außer jenem, dass ich mir und meiner Gesundheit einen Gefallen tun wollte.

Und ob es das jetzt war oder ich noch mehr abnehmen werde, weiß ich noch nicht. Das lasse ich einfach mal auf mich zukommen.

Die Entdeckung des Knies

Hase, ich glaube, ich habe einen Tumor im Bein«, werfe ich kurz vor dem *Tatort* in die eheliche Wohnzimmerrunde.
»Hä?«, entgegnete mein interessierter Mann.
»Ja, guck mal. Oje, auf der anderen Seite auch! Es sind zwei!«
»Lass mal sehen.«
»Hier und hier. Du kannst es fühlen, sogar mit bloßem Auge erkennen.«
Ich zeigte meinem Mann die zwei bisher nicht da gewesenen »Tumoren«. Seit meinem Brustkrebs stand ich zuvor nicht da gewesenen Knubbeln an oder in meinem Körper recht skeptisch gegenüber. Gebrannte Kinder und das Feuer ...
»Ach, du Pfeife. Das ist dein Knie.«
»Mein was?«
»Dein Kniiiie!«
»Hatte ich bisher nicht.« Ich nahm meine Beine nun doch etwas genauer unter die Lupe. Tatsache. Ich hatte ein Knie. Nein, falsch, ich hatte sogar zwei Knie.
Ob Sie es glauben oder nicht, diese Knie hatte ich vorher noch nie in meinem Leben gesehen. Also, bei anderen Frauen schon, aber nicht bei mir. Da, wo der liebe Gott das Knie geplant hatte, hatte ich so Dellen.
Bedeutete das etwa, dass sich der Sport und diese nervigen Squats gelohnt hatten? Es schien so. Und der Knaller war: Saß ich, »stachen« da wirklich zwei Knie-Knochen raus. Aus mir gucken Knochen raus! Champagner für alle.

Und es sollte nicht die einzige Entdeckung bleiben. Sie werden es nicht für möglich halten (ich ja auch nicht), aber ich habe wieder ein Schlüsselbein. Über Jahre waren sie verschollen, jetzt sind sie wieder da. Und Knochen sind im Gegensatz zum Bindegewebe auch nicht so schnell beleidigt. Die tauchen einfach wieder auf, relativ unbeschadet, kommen plötzlich ohne Veränderungen zum Vorschein. Also, ich finde Knochen toll.
Solange sie mir jedenfalls keine Angst einjagen. Für die unter Ihnen, die das nicht wissen: Unter den Schlüsselbeinen starten die Rippen. Ich hatte davon schon gehört, aber gefühlt hatte ich sie dennoch nie. Bis zu diesem Morgen unter der Dusche. Kurz vor Beginn der Brust. Auf einmal spürte ich etwas Hartes. Das fand ich nicht lustig, gar nicht, das kannte ich nämlich von dem Moment, als ich an dieser Stelle ebenfalls etwas Hartes ertastet hatte, einige Jahre zuvor. Zwei Tage lief ich mit Angst in mir herum. Die relaxte Nicole sprach: »Es sind bestimmt nur Knochen«, und die panische Nicole sprach: »Aber doch nicht da! Das könnte auch ein neuer Tumor sein!« Am dritten Tag stürmte ich als Notfall ins Brustzentrum, und zum Glück hatte meine Ärztin gerade Zeit, mich zu untersuchen. Und nach einem ausführlichen Ultraschall stand fest: Es sind nur die Knochen. Im Nachhinein habe ich gelacht, allerdings nur im Nachhinein.
Der Körper verändert sich unter einer Abnahme. Natürlich auch unter einer Zunahme. Und beides in einem ständigen Wechsel nimmt er einem irgendwann ziemlich übel.
Weil das hier ein grundehrliches Buch ist, verrate ich Ihnen auch grundehrlich, was sonst noch in meinem Kopf herumging: Nein, ich habe kein Problem mit überschüssiger Haut. Aber das nur aus dem Grund, weil mein Bauch ja jetzt in meinen beiden Brüsten ist. Davor hatte ich nämlich einen

Hautüberschuss seit meiner zweiten Schwangerschaft. Das hatte mich so mäßig gestört. Mal mehr, mal weniger, mal gar nicht.

Gutes oder schlechtes Bindegewebe ist wahrscheinlich genetisch bedingt. Ich kenne kaum eine, eigentlich gar keine Frau, die nicht irgendwo Dehnungsstreifen hat. Viele, mich eingeschlossen, bekommen sie sogar schon in der Pubertät, wenn das Wachstum zu schnell vonstattengeht. So entdeckte ich mit sechzehn Jahren die ersten Streifen plötzlich unter der Dusche, und da war ich alles andere als dick. Das ist auch so etwas, was die Natur ein bisschen besser hätte einfädeln können.

Nichtsdestotrotz kann man für das eigene Hautbild ein bisschen was tun.

An dieser Stelle kommt jetzt kein Rezept für ein wundersames Peeling (wobei, ich verwende unter der Dusche immer eine Mischung aus Zucker und Kokosöl), sondern zwei Dinge, mit denen ich gute Erfahrungen gemacht habe: Trinken, Trinken, Trinken und Cremen, Cremen, Cremen.

An Cremes habe ich alles durch! Inklusive Rollern, Handschuhen und sonstigen Hilfsmitteln. Ich habe mir sogar einmal eine Anti-Cellulite-Creme für 180 Euro gekauft! Entweder haben meine Dellen und ich ein unzerstörbares Liebesverhältnis, oder aber die Creme war Mist. Ich tippe auf Letzteres. Und überhaupt: Ich kann zwischen dem sündhaft teuren und dem gängigen Drogeriemarktprodukt keinen Unterschied feststellen. Gar keinen.

Es gibt aber Sportarten, die offensichtlich einen positiven Einfluss auf das Bindegewebe haben. Schwimmen festigt es enorm (so meine Erfahrung). Der Nachteil: Schwimmen macht mich immer enorm hungrig! Das ideale Nutzen-Risiko-Verhältnis habe ich noch nicht für mich gefunden. Alles, was ich beim Schwimmen an Kalorien verliere, muss ich danach wieder durch unvernünftiges Essen (am besten fettig und salzig) wettmachen.

Das Trampolinspringen erwähnte ich bereits. Mein Hautbild ist dadurch besser geworden, das kann aber auch eine subjektive Sichtweise sein. Medizinisch ist das nicht fundiert, es sind nur meine persönlichen Erfahrungen, liebe Damen. Beobachten Sie sich selbst: Sie werden es selbst spüren, was Ihrer Haut guttut und was nicht.

Auf und Ab

Was ist in dieser Welt alles möglich? Wir schicken Menschen zum Mond und holen sie wieder zurück. Die Lebenserwartung ist in den letzten hundert Jahren ums Doppelte gestiegen. Die Forschung kann klonen, und ich kann über Alexa ein Sportgerät bestellen. Kaum etwas, was nicht möglich ist.

Aber Himmel noch mal: Was bitte ist in unserer grenzenlos perfekten Schöpfung falsch gelaufen, dass wir vom leckeren Essen dick werden? Warum tut da keiner etwas dagegen?

Was hat der liebe Gott sich dabei gedacht? Unser Körper, die Natur als solches, jedes Tier, jede Pflanze ist für sich ein kleines Wunder. Einzig das mit dem Essen hat er außer Acht gelassen. Warum nur?

Und warum kann unsere sonst so effiziente Wissenschaft nicht etwas entwickeln, das das verhindert? Warum ist es nicht möglich, Croissants, Schokolade und Nudeln auf den Markt zu bringen, die keine Kalorien mehr haben? Aber nee, wir müssen ja zum Mond (oder Mars) fliegen! Sorry, aber davon habe ich hier auf Erden so gar nichts. (Wenn wir wenigstens die Richtigen mit einem One-Way-Ticket dorthin schicken würden …)

Warum nehmen wir überhaupt zu? Das ist relativ leicht zu beantworten. Wenn wir mehr zu uns nehmen, als wir verbrauchen, lagern wir den Rest ein. So simpel ist das.

Wir haben auch schon darüber gesprochen, dass wir uns durch zu viele Diäten »dick-hungern« können. Und natür-

lich ist es ebenso eine Frage der Veranlagung. Prof. Dr. Froböse erzählte mir ja, dass unsere Figur zu ungefähr 30 Prozent genetisch bedingt sei. Und natürlich gibt es auch einige Krankheitsbilder, Medikamente oder andere Ausnahmesituationen, die eine Gewichtszunahme, ein Übergewicht begründen. Aber ich fürchte, die bittere Wahrheit für den überwiegenden Teil von uns lautet: Jedes Pfündchen geht durchs Mündchen.
Und leider werden wir eben nicht dick, wenn andere essen. Und zu viel Obst oder der schwere Knochenbau sind es auch nur in den wenigsten Fällen.
Es ist die verheerende Kombination aus zu viel Essen und zu wenig Bewegung. Blicke ich auf mein Leben zurück und überlege, warum ich verlorenes Gewicht wiedergefunden habe, gab es da diesen einen Gedanken: Ha! Diät geschafft, jetzt geht's wieder rund! Ich bin unmittelbar nach dem Ende der Diät sofort wieder in alte Verhaltensmuster gefallen. Die ganzen klassischen Diäten taugen eben alle nicht für die Ewigkeit.
Deshalb habe ich mir im Jahr 2004 selbst ein Schnippchen geschlagen. Damals hatte ich mit Weight Watchers abgenommen. Wenn Sie mich fragen, ist dies übrigens das einzige Konzept, das auf eine langfristige und gesunde Ernährungsumstellung abzielt und keinen Jo-Jo-Effekt mit sich bringt. Nur wenn wir danach wieder in alte Muster fallen, klar, dann nehmen wir zu. Aber das ist dann kein Jo-Jo-Effekt, sondern eigene Blödheit.
Immerhin hatte ich es damals durch Weight Watchers zu einem gesunden BMI geschafft und dachte: Wenn du selber Coach wirst, hast du so viel Druck, du musst dann schlank bleiben! Sie werden es nicht glauben, doch ja, ich habe ein paar Jahre lang als Weight-Watchers-Coach gearbeitet. Und

nein, ich werde nicht dafür bezahlt, dass ich Ihnen davon erzähle. Es war eine schöne, spaßige (finanziell nicht ganz so lustige) Zeit, während der ich mein Gewicht gehalten habe. Als Coach wurde man nämlich regelmäßig gewogen. Für die meisten meiner Kolleginnen, allesamt supertolle Frauen, wie auch für mich war es trotzdem ein ständiger Kampf gegen den eigenen inneren Schweinehund.

Zu welchen Hilfsmitteln wir oft vor den internen Wiegetagen gegriffen haben, das gebe ich nicht preis. Hier verhielt es sich so, wie man das auch bei anderen Berufen beobachten kann: Ärzte gehen selten zu Ärzten, Psychologen haben oft selbst psychologische Probleme, Lehrerkinder sind … na ja … und wir Coaches hatten eben einen großen inneren Schweinehund. Und das, obwohl es uns an Wissen nicht mangelte. Denn die Ausbildung war gut; theoretisch wussten wir alles über gesunde Ernährung. Aber das eine ist Theorie und das andere die Praxis.

Warum erzähle ich Ihnen das? Um Ihnen ein bisschen den Druck zu nehmen. Denn ich glaube, dass es einem Großteil von Ihnen ähnlich ergeht. In der Theorie wissen Sie, wie Sie abnehmen können und warum Sie zunehmen. Die Praxis, sie ist das Hindernis.

Bleibt dennoch die Frage: Warum habe ich einen dicken Hintern?

Nehmen wir ein anderes Beispiel: Als ich früher noch im Büro gearbeitet habe, war mein erster Gang nach Feierabend (noch vor dem Gang zum Kühlschrank) ins Schlafzimmer, um mir die Jogginghose anzuziehen. Gibt es was Schöneres? Raus aus den Klamotten, rein in die Gemütlichkeit.

Stand ich monatelang jeden Abend auf der Bühne, habe ich mich dafür aufgebrezelt. Ich mag das. Das gehört dazu, und ich finde es schön. Aber dann, nach so einer Tour, finde ich

nichts grandioser, als wochenlang ungeschminkt durch die Gegend zu laufen.
Sind es nicht die Gegensätze, die unser Leben so lebenswert machen? Jeden Tag dasselbe ist auf Dauer langweilig. Wenn Sie am Meer wohnen, sehnen Sie sich vermutlich nach einem Urlaub in den Bergen. Ich lebe aus tiefster Überzeugung auf dem Land, weil ich beruflich viel in Städten unterwegs bin. Denken Sie nur an Pippi Langstrumpf! Die ging in die Schule, um herauszufinden, wie schön die Ferien sind.
Wir Weight-Watchers-Coaches sprachen in der Woche sicher hundertmal davon, wie man konsequent, sportlich und gesund durch die Abnahme kommt. Manchmal konnte ich mich selbst nicht mehr reden hören. Ich denke, dass das normal war. Ab einem bestimmten Zeitpunkt vertrug man kein Zählen, Abwiegen und Vernünftig-Sein mehr. Irgendwann hatte es sich ausgezählt, da wollte man einfach nur noch zum Kühlschrank gehen und das leckere Stück Camembert essen, ohne es vorher gewogen oder gegoogelt zu haben. Weil es doch in unserer Natur liegt.
Wenn Sie meine Strategie zum Thema »lockerlassen« hören wollen: Genießen Sie es! Machen Sie es bewusst! Und stellen Sie sich bitte auf keinen Fall danach auf die Waage!
Lockerlassen ist menschlich. Und wenn wir es bewusst tun, reicht Ihnen vielleicht schon ein Tag. Oder zwei. Und danach fällt Ihnen die Konsequenz wieder leichter. Das ist zumindest meine Erfahrung.

Darf ich vorstellen:
Frau Motivation

Über Motivation könnte man eigentlich ein ganz eigenes Buch schreiben. Motivation ist keine Konstante in meinem Leben. Sie ist eher so wie eine flüchtige, unzuverlässige Bekannte, und sie kommt und geht, wie sie will. Ich nenne sie daher: Frau Motivation.

Frau Motivation hat quasi ein Eigenleben. Und ich ackere mich ab, um ihre Gewohnheiten zu erkennen und ihren Algorithmus zu erforschen. Bisher ist es mir noch nicht gelungen. Manchmal gibt es Tage, da stehe ich auf und denke: Wow! Heute bist du aber motiviert, und nach dem Zähneputzen, so ungefähr fünf Minuten später, ist Frau Motivation weg. Einfach so. Sie geht, ohne mir Bescheid zu sagen. Dann wieder gibt es Phasen, da kommt es mir vor, als müsse sich Frau Motivation entscheiden, da weiß sie nicht so ganz genau, wie sie ihre Energie einsetzen soll. An diesen Tagen schaffe ich zum Beispiel mein Sportprogramm, ohne mit der Wimper zu zucken. An diesen Tagen, na ja, ich will nicht so weit gehen und sagen, ich hätte Spaß beim Sport, aber ich hasse dieses aktive Treiben etwas weniger. Frau Motivation hält eine Stunde tapfer durch, aber beim Essen lässt sie mich dann im Stich. Als habe sie sich beim Sport verausgabt, als bräuchte sie eine Pause.

Es gibt Wochen, da hat sie scheinbar nicht genehmigten Urlaub, doch plötzlich verhält sie sich mir gegenüber wie die beste Freundin. Da soll einer schlau draus werden. Aber ir-

gendetwas muss ich die letzten Monate richtig gemacht haben, denn sie blieb mal für längere Zeit.
Ich glaube, Frau Motivation will selbst motiviert werden. Und ein paar Dinge habe ich herausgefunden, die ihr gefallen:

Die Waage

Schwieriges Thema. Ganz schwieriges Thema. Die Waage motiviert mich nur, wenn sie das zeigt, was ich gerne sehen will. Äh, stopp, auch nicht immer.
Ich hatte mir vorgenommen, mich maximal einmal die Woche zu wiegen. Denn diese Schwankungen, die man so tagtäglich hat, wollte ich mir nicht auch noch anschauen. Aber nicht immer bin ich konsequent, was das anbelangt, ich gebe es zu.
Oh, du fühlst dich heute elfenhaft? Steig doch mal auf die Waage, die zeigt bestimmt dein historisches Tief an! Was? Das kann nicht sein! Ich fühle mich aber so viel schlanker! Pfff, dann brauche ich ja auch nicht so konsequent zu sein, dann kann ich auch ein duplo essen.
Verkündet die Waage aber das gewünschte Gewicht, kann es passieren, dass ich denke: *Das ist ja großartig! Da esse ich doch mal zur Belohnung ein duplo!*
Eigentlich kann ich also sagen, dass die Waage keinen guten Einfluss auf mich hat. Als selbstbewusste, eigenständige Frau, die ich bin, könnte man meinen, dass ich in der Lage wäre, sie ganz wegzusperren. Schaffe ich aber nicht. Keine Ahnung, warum.
An guten Tagen, also an Tagen, an denen Frau Motivation zu Gast ist, kann die Waage auch einen guten Einfluss auf mich haben. Dann, wenn die abzulesende Zahl schlüssig ist und

zum Körperbild passt. Da werde ich durch sie auch schon mal motiviert.

Wie das bei Ihnen ist, ob die Waage Sie motiviert oder nicht, das müssen Sie selbst rausfinden. Aber gehen Sie bitte mit genügend Bewusstsein an diese Sache heran. Alles, was Sie essen, sammelt sich erst einmal in Ihrem Bauch. Und wenn Sie sich abends einen riesigen Salat genehmigen, der so einiges an Gewicht aufweist, so wird dieses am nächsten Morgen angezeigt. Dass das kein Fett ist, versteht sich von selbst.

Um es kurzzufassen: Die Waage sorgt für keine Motivationsschübe. Das war zu Beginn meiner Ernährungsumstellung noch ganz anders gewesen. Am Anfang purzelten die Pfunde recht schnell, und ja, das hatte mich motiviert. Mittlerweile lege ich ein größeres Augenmerk auf mein Körpergefühl. Das ist mittlerweile entscheidender als eine bloße Zahl.

Kleiderschrank

Es gibt für mich, bis zum heutigen Tag, nichts Motivierenderes, als in längst aufgegebene Kleidungsstücke zu passen. Oder wenn Sachen inzwischen viel zu groß sind, um sie noch anziehen zu können.

In meinem Kleiderschrank befindet sich eine Jeans, die ich das letzte Mal trug, als mein Mann seinen dreißigsten Geburtstag feierte. Das ist fast elf Jahre her. Es war meine absolute Lieblingsjeans, obwohl ich sie nur einmal anhatte. Ich bezeichnete sie übrigens als Steh-Jeans, sitzen konnte ich in ihr nämlich nicht. Es hätte viele Gründe gegeben, sie auszusortieren, doch ich habe es nicht getan. Die Jeans hat elf Jahre in einem Karton gelegen und still gewartet. Bei jedem Ausmisten oder Umzug hatte ich sie in der Hand gehabt,

und jedes Mal war ich kurz davor gewesen, sie in den Altkleidersack zu legen. Eine innere Stimme hielt mich davon ab.
Ich hatte Tränen in den Augen, als ich sie wieder über meinen Hintern ziehen konnte. Den Reißverschluss bekomme ich immer noch nicht zu, auch nicht im Liegen. Oder doch im Liegen, ja, aber dann schaffe ich es nicht mehr hoch. Dann kann ich nur flach atmend auf dem Bett ausharren und mich freuen.
Auch wenn ich nach zwei tödlichen Krankheiten inzwischen zu wissen glaube, was im Leben wirklich zählt, so musste ich erfahren: Eine Jeans nach elf Jahren über den Po zu kriegen, hat mich glücklich gemacht. Und nicht nur mich: Auch Frau Motivation. Sie war die ganze Woche so beflügelt, dass sie nicht von meiner Seite gewichen ist.
Das Anprobieren von Kleidungsstücken, die man seit Ewigkeiten aus bekannten Gründen ignoriert hat, ist natürlich erst ein Motivationsschub, wenn man Gewicht verloren hat. Aber Sie werden sehen, damit die ersten Knöpfe wieder leichter zugehen, braucht es nicht viel zu. Da reichen meist ein paar Pfund.

Fotos

Es gibt zweierlei Arten von Fotos: Die einen zeigen, von wo man kommt, und die anderen, wohin man will. Ich kann auf beide Varianten zurückgreifen.
Ich habe Fotos, die mich zu meinen Höchstzeiten zeigen. Meist sind das Pressefotos, die nicht von mir freigegeben wurden und die ich wirklich ganz fürchterlich finde. Bei ihnen denke ich: So möchte ich nicht aussehen! Nie mehr! Aber es existieren auch Aufnahmen von mir, auf denen ich

relativ schlank aussehe (mich aber leider auch fett gefühlt habe …) und die mir zeigen: Da will ich wieder hin!
Frau Motivation braucht beide Versionen, jedoch zu unterschiedlichen Zeiten. Denn zücke ich zur falschen Zeit die falschen Fotos, etwa die Bilder, auf denen ich rank und straff wirke, kann es passieren, dass ich einen Gedanken entwickele, den ich nicht mehr loswerde: Das schaffst du eh nie mehr, so schlank zu werden. Dann kannst du auch was Leckeres essen. Oder ich denke bei den Aufnahmen, auf denen ich füllig daherkomme: Wunderbar, davon bist du ja weit entfernt. Da kannst du ja noch was Leckeres essen.
Diese innere Kommunikation beweist doch recht schön, wo Abnehmen anfängt, oder?

Der Morgen

Grandios ist das Gefühl, nach einem disziplinierten Tag wach zu werden. Als Erstes frage ich mich: »Bist du noch gesund? Musst du zu einem Arzt?«, doch schon recht schnell schießt es mir durch den Kopf: »Warst du gestern vernünftig?« Und kann ich das aus tiefstem Herzen mit einem Ja beantworten, ist das nun aufsteigende Gefühl in mir Balsam für Frau Motivation. Beantworte ich die letzte Frage mit Nein, lässt mich das den neuen Tag schon etwas schwerer beginnen.
Aus diesem Grund habe ich mir angewöhnt, mich vor fatal schwachen Momenten in den darauffolgenden Morgen zu beamen. Ich versuche dann, mit mir selbst zu reden: »Denk an den nächsten Tag! Die Schokolade hast du in fünf Minuten weggeputzt. Willst du deswegen auf das tolle und motivierende Gefühl am Morgen verzichten?« Manchmal hat es funktioniert, manchmal nicht.

Essen und Trinken

Das klingt banal, oder? Ist es vielleicht auch, aber gerade deswegen möchte ich es nochmals erwähnen: Gesundes Essen und richtig viel Trinken motivieren mich, um am Ball zu bleiben. Soll heißen: Sie nehmen auch ab, wenn Sie zwei Tafeln Schokolade am Tag essen würden. Wenn Sie sonst nichts weiter essen, ist die Menge an Kalorien immer noch weniger, als Sie benötigen. Also verlieren Sie an Gewicht. Und ich könnte mir vorstellen, dass für die ein oder andere Frau die Überschrift: »Die neue Schokoladen-Diät« recht verlockend klingt. Dass eine solche Diät ungesund ist, wissen wir alle. Und deshalb motiviert sie mich auch nicht. Gutes Essen kann ich sofort spüren, es wird an meiner persönlichen Belastbarkeit und an meiner Kreativität deutlich. Schlechtes Essen macht mich nämlich müde, und ich meine auch festgestellt zu haben: deprimiert. Wenn ich mich ausgewogen und frisch ernähre, geht es mir gut. Und wenn es mir gut geht, will ich das auch beibehalten.
Gleiches gilt für das Trinken. Ich muss mich ständig daran erinnern, ausreichend zu trinken, und besonders im Winter finde ich es ziemlich mühsam, auf die Menge zu kommen, bei der ich mich nicht schlapp fühle. Doch trinke ich genug, fühle ich mich wohl und bin motiviert.
Vielleicht kann falsches Essen und falsches Trinken ein Grund sein, warum Sie selbst noch nicht motiviert sind. Vielleicht ist Ihre Ernährung im Moment noch nicht so, dass Sie damit voll und ganz zufrieden sind. Aber immerhin wissen Sie jetzt, dass dieser Aspekt ein Motivationsfaktor sein kann.

Verbündete suchen

Ich sehe mir wahnsinnig gerne an, was andere Frauen geschafft haben. »Leidensgenossinnen«, die mir zeigen, was möglich ist, motivieren mich total. Zu Beginn hatte ich ja die Weight-Watchers-App auf meinem Handy, und ein kurzer Blick in die »Community« hat mich schon so manches Mal vom Gang zum Kühlschrank abgehalten. Das Gefühl, dass ich nicht alleine bin, hat auf meine Motivation immer einen guten Einfluss gehabt.

Aber: Ich möchte das selber bestimmen, ich ganz allein bestimme, wann ich mir welche Online-Plattformen anschaue. Täglich werde ich auf Facebook in mindestens drei Gruppen ungefragt hinzugefügt. Gruppen wie »Mehr essen, weniger wiegen«, »Sommer Challenge« oder aber »Transformation-Group«. Ich freue mich über jeden neuen Kontakt, ich freue mich auch, dass sich Menschen anscheinend um meine Figur sorgen, nachdem sie sich durch meine Bilder geklickt haben, dennoch möchte ich nirgendwo ohne meine Zustimmung einer mir völlig fremden Gruppe zugeordnet werden. Schon aus Prinzip nicht. Ich zerre normalerweise auch keine Menschen in mein Haus, schließe die Tür hinter ihnen ab und verlange von ihnen, dass sie sich Familienalben anschauen oder meine Probleme anhören.

Die kleinen Dinge

Wie oft habe ich in Diät-Ratgebern diesen einen Satz gelesen: »Belohnen Sie sich bei jedem erreichten Etappenziel.« Sicher, diesen Punkt sollte man keineswegs außer Acht lassen. Genau genommen bin ich aber deswegen dick geworden.

Was mir deutlich gemacht hat, dass man nach Belohnungen Ausschau halten sollte, die mit Essen am besten nichts zu tun haben. Natürlich können Sie sich nach jedem Etappensieg ein neues Teil zum Anziehen kaufen, aber im Laufe der letzten Monate fiel mir auf, dass ich mich auch anders belohnen kann, mit kleinen Dingen.

Haben Sie schon einmal an sich beobachtet, dass Gerüche eine enorme Wirkung auf Sie haben? Zum Beispiel wenn Suppentöpfe auf dem Herd vor sich hinköcheln oder eine Ente im Backofen knusprig wird. Allein ein leckerer Essensduft lässt einem oft das Wasser im Mund zusammenlaufen. Auf einmal hat man einen ordentlichen Appetit. Die Geruchsnerven in der Nase haben nämlich einen direkten Draht zum Gehirn, und das meldet dann Hunger. Ich hatte schon immer eine feine Nase, aber je älter ich werde, desto mehr empfinde ich etwas, das gut riecht, als absoluten Luxus. Und dabei meine ich jetzt nicht nur meinen persönlichen Geruch, das betrifft auch mein Zuhause. Mittlerweile belohne ich mich nur zu gerne mit besonders edlen Raumdüften, denn nichts finde ich schöner als ein wohlriechendes Heim. Vor Kurzem war ich in einer kleinen Boutique, sie roch so gut, so dezent gut, dass ich gar nicht mehr gehen wollte. Gute Gerüche machen etwas mit uns. Mir geben sie ein zufriedenes, heimeliges Gefühl. Und diese Zufriedenheit wird auch von einem Hirnareal erzeugt, aber von einem, das nicht Hunger und Sättigung steuert. Es verdrängt jedes Hüngerchen, ist letztlich also ganz schön mächtig.

Zu den kleinen Dingen – obwohl es gar nicht so klein sein sollte – zählt meiner Meinung nach das ganze soziale Leben. Ich nehme heute viel lieber Einladungen jeglicher Art an als früher, weil ich mir inzwischen keinen Kopf mehr um die Frage »Was mag wohl überhaupt noch passen?« mache. Ich

habe sie einfach unter den Tisch fallen lassen, seitdem ich mich motiviert fühle, meinen neuen Ernährungs- und Lebensstil weiter durchzuhalten. Ich gehe jetzt auch noch selbstbewusster mit meinen Kindern ins Freibad, weil ich mich sportlich und flott von der Decke erheben kann. Und selbst der Vergnügungspark bereitet mir noch mehr Freude, weil mein Hintern nicht mehr rausquetscht, wenn ich mich in ein Fahrgeschäft niederlasse. Oder Wanderungen mit der Familie: Ich bin die Erste, die oben ist.
All diese kleinen Dinge motivieren mich persönlich täglich aufs Neue und helfen mir, die richtige Wahl zu treffen.
Und jetzt Sie!
Ich habe Ihnen meine Motivationstipps verraten, jetzt überlegen Sie einmal, was Sie motiviert. Wenn Sie einen richtig guten Tag hinter sich haben, was ist an ihm passiert? Was hat bei Ihnen ein gutes Gefühl ausgelöst, und was hat Ihnen geholfen, nicht aufzugeben und am Ball zu bleiben? Und was hindert Sie daran, das nicht immer so zu machen?

Warum ich glaube,
es dieses Mal geschafft zu haben

Eine äußerst gewagte Überschrift. Aber ich bin tatsächlich zutiefst davon überzeugt, dass es mir dieses Mal gelungen ist und ich nicht wieder zunehmen werde. Und zwar aus mehreren Gründen:

1. Es wäre doch ohne Ende peinlich, ein Abnehm-Buch geschrieben zu haben und dann bei seiner Veröffentlichung oder auch kurz danach wieder so richtig rund zu sein. Klar, für bestimmte Personenkreise gelte ich natürlich immer noch als unglaublich dick, aber die interessieren mich nicht.
2. Weil ich alle, ich wiederhole: alle Klamotten, die nicht mehr passten, verschenkt habe.
3. Es hat sich wirklich so einiges geändert.

Ich kann es selbst kaum fassen, aber auch wenn ich vieles vertrage, ungesundes Essen gehört nicht mehr dazu. Dass diese Worte einmal aus meinem Mund oder gar aus meinen Händen fließen würden, hätte ich nie zu träumen gewagt. Aber es ist so. Nach einem wirklich knackigen (gegen das Wort »stressig« wehre ich mich mit Händen und Füßen) Tag kam ich *not amused* nach Hause. Es gab eigentlich keinen Grund für meine Stimmung, aber ich war trotzdem so richtig doof drauf. Meine Lieblingsjungs saßen gemütlich am Küchentisch beim Abendbrot. Dieser Anblick ließ jegliche schlechte Laune vergehen. Leider ließ auch der Duft von frischem, knusprigem Brot und gutem Käse jeden guten Vorsatz in Luft auflösen.

»Wenn ich jetzt nicht auch ein Butterbrot bekomme, breche ich in Tränen aus«, sagte ich leise zu meinem Mann.

Ja, angesichts eines frisch mit Butter bestrichenen Brotes wird mir warm ums Herz. Zumal ich ein solches seit Monaten nicht mehr gegessen hatte. Nur Schwarzbrot mit einem Kilo Tomaten und Frischkäse. Kein frisches, ungesundes Brot voller Weizenmehl mit gelber, geschmackvoller Butter darauf, geschweige denn mit Vollfettkäse. Der Himmel auf Erden tat sich auf, eine Geschmacksexplosion auf der Zunge fand statt. Leider merkte ich auch, wie sich meine Nerven beruhigten. *Leider* deswegen, weil ich gehofft hatte, dass sich bereits andere Wege zur »Problembewältigung« manifestiert hätten. Denn wie gesagt: Wenn Hunger nicht das Problem ist … blabla … Aber in diesem kurzen Moment fühlte ich mich von dem warmen Käsebrot verstanden und getröstet.

Aber – und jetzt kommt das große Aber. Dieses Gefühl hielt ungefähr zwanzig Minuten an und wurde dann abgelöst. Nein, nicht von einem schlechten Gewissen. Sie können mir glauben, das habe ich nach jahrelangem Training unter Kontrolle. Mir war speiübel, und ich litt unter entsetzlichen Magenkrämpfen. Ich konnte mich kaum aufrecht halten und sah aus, als sei ich im neunten Monat schwanger. Wirklich! Die ganze Nacht lag ich wach im Bett. Mir tat alles weh, selbst das Zahnfleisch.

Was, werden Sie jetzt fragen, von der einen Scheibe Brot? Nein! Es blieb ja nicht bei dieser einen, denn das Teufelchen sprach zu mir: »Du kannst noch ein zweites Stück Brot essen, und wenn du willst, sogar ein drittes.« Ich beendete meinen

Ausraster mit einer Scheibe Weißbrot, doppelt bestrichen mit Nutella. (Mischen sich Nutella und Butter ... mmmhhh.)
War die Nacht schon ein Horror, so war sie nichts im Vergleich zum aufdämmernden Morgen. Ich war müde, schlapp, träge, immer noch total aufgedunsen. Und Kopfweh hatte ich wie nach einer durchzechten Nacht.
Was war da passiert?
Hatte sich mein Körper inzwischen so sehr an gesunde Ernährung gewöhnt? Oder hatte ich mich früher jeden Morgen so gefühlt und es als normal hingenommen? Ich fürchtete es fast.
Trotzdem schob ich früher meine Übelkeit und mein Aufgedunsensein, ohne mit der Wimper zu zucken, auf meine Hormontherapie. Oder aufs Wetter, oder – im Zweifelsfall – auf meinen Mann. Hauptsache, es hatte nichts mit mir zu tun.
Dieser kurze (Ess-)Rausch stand in keinem Verhältnis zu dem noch Stunden später anhaltenden Leid. Vielleicht war mein Essverhalten tatsächlich mit einer Sucht zu vergleichen, überlegte ich. Und mein nächster Gedanke war: Einen solchen Augenblick möchte ich nicht mehr erleben, nicht einmal eine Stunde mehr. In diesem Moment hatte ich etwas verloren und gleichzeitig gewonnen.
Verloren hatten all die Dinge, die mich hatten derart elend fühlen lassen, weshalb dieses maßlose Essverhalten seit jenem Tag ein Ende fand. Und gewonnen hatte ich insofern, weil ich erkannte, dass mein Weg, Gewicht zu verlieren, einzig über den Genuss funktionieren konnte. Über ein bewusstes, langsames, gutes Essen. Nicht um irgendein Gefühl zu betäuben, sondern um des Genusses willen.
Nach dieser Eskapade fand ich auch heraus, warum ich früher nur allzu oft in alte Muster gefallen war. Denn an diesem

Morgen, an dem es mir so unglaublich schlecht ging, gab es ein Problem: Es schien mir nahezu unmöglich zu sein, auf gesunde Ernährung umzusteigen. Ein erneutes Paradoxon. So träge, wie ich war, fühlte sich der Weg zur Schokolade um einiges logischer an als zu einem Apfel.
Trotzdem blieb ich vernünftig, und nur einen Tag später war dieses Gefühl verschwunden.
Es hatte sich seitdem aber noch mehr geändert. Und das wurde von mir genau beobachtet:

Besserer Schlaf

Ich schlafe besser. Allerdings auch mehr. Acht Stunden stimmen mich glücklich. Durch das viele Wasser, das ich trinke, wird die Nacht meist einmal unterbrochen. Danach schlafe ich aber gleich wieder ein, und morgens wache ich völlig fit und ausgeruht auf.

Feinere Haut

Meine Gesichtshaut ist so das Einzige an meinem Körper, mit dem ich nie im Clinch lag. Noch nie hatte ich mit großartig unreiner Haut zu tun gehabt. Aber nach meiner Ernährungsumstellung ist meine Haut im Gesicht wesentlich feiner und strahlender (und mag ich es mir nur einbilden).

Cellulitis

Ach, was soll ich sagen: Sie ist mir ein treuer Begleiter und fühlt sich von ein paar Kilo weniger kaum beeindruckt. Da sie eine Konstante in meinem Leben ist und auch bleiben wird, haben wir mittlerweile Brüderschaft getrunken und genießen unsere gemeinsame Zeit.

Wechseljahresbeschwerden ade

Das Thema ist in meinem Fall sehr speziell, aber ich vermute mal, dass die ein oder andere Leserin damit ebenfalls schon in Berührung gekommen ist. Ja, ich bin aufgrund meiner Brustkrebserkrankung in den Wechseljahren, und ich hatte immens viele Beschwerden gehabt. Diese habe ich einfach so hingenommen, sie waren der Preis für meine Gesundheit. Inzwischen sind sie tatsächlich alle weg. Ich habe keine Hitzewallungen mehr und – das ist *soo* toll – keine Knochenschmerzen mehr.

Treppen

Treppen komme ich jetzt hoch, ohne danach minutenlang nach Luft japsen zu müssen.

Urlaub in Italien – all-inclusive

Knapp zwanzig Kilo hatte ich abgenommen, als unsere Familie eine Woche in Italien verbringen wollte. Es war die erste Pauschalreise in unserem Leben. (Es wird auch die letzte gewesen sein, aber das ist ein anderes Thema.) Ich habe Ihnen ja schon erzählt, dass ich nicht mehr bereit war, mich von irgendwelchen Abnehmplänen bestimmen zu lassen. Und: Italien! Ich bitte Sie, das Land von Pasta, Pizza und Tartufo!

Wir vier flogen also nach Italien, durften uns All-inclusive-Premium-Urlauber nennen. Dreimal am Tag gab es ein italienisches Buffet vom Feinsten, nicht zu vergessen der Wein, und die einzige Bewegung, die vorgesehen war, folgte immer demselben Ablauf: Pool – Strand – Zimmer – Buffet. Nahezu die identische Route wie an Weihnachten daheim: Esszimmer – Wohnzimmer – Bett.

Ich möchte behaupten, das kann ich. Gehört mit zu meinen Kernkompetenzen, ebenso wie die Fähigkeit, in einer Woche fünf Kilo zuzunehmen. Gekonnt ist gekonnt.

Dieses Mal hatte ich mich aber ein bisschen besser vorbereitet. Ich checkte bereits vorher, ob das Hotel einen Fitnessraum hatte. Das war der Fall, und so wanderten die Sportklamotten mit in den Koffer.

»Was willst du denn damit?«, fragte mich noch in der Heimat der leicht irritierte Ehemann.

»Na, was glaubst du denn?«

»Willst du zum Buffet joggen?«
»Sehr lustig, mein Lieber. Während du faul herumliegst, wird deine erschlankte Frau Sport machen.«
»Aha«, sprach er und schwieg.
Wie gesagt, es war unser erster Urlaub dieser Art. Normalerweise – wenn wir denn überhaupt in Urlaub fahren, weil ich ja überall Heimweh habe – buchen wir auf eigene Faust ein Ferienhaus und lieber eher Action als Ruhe. Vor allem schaue ich mir prinzipiell gerne einige interessante Sachen von den Ländern an, die ich bereise. Doch aus irgendeinem Grund hatten wir uns dafür entschieden, das diesmal nicht zu tun, stattdessen eine Woche nur zu entspannen.
»Mir ist langweilig, Hase.«
»Bitte?«
»Ja, soll das denn jetzt alles gewesen sein?«, maulte ich weiter.
»Du sollst dich entspannen.«
»Ich bin entspannt.«
»Du liegst doch erst drei Minuten am Pool.«
»Reicht doch. Weißt du, wobei ich wirklich entspanne?«
»Sag!«
»Beim Shoppen!«
»Sollen wir uns ein Auto nehmen und das Land erkunden?«, bettelte ich.
»Mama, auf keinen Fall! Ich bin im Pool – tschöö!« Das war Max, er hatte unser Gespräch belauscht.
Die Bedürfnisse sind eben unterschiedlich.
Nun gut, mehr aus der Not heraus begutachtete ich dann den Fitnessraum. Er war klein und zweckmäßig, aber es war alles vorhanden, was man brauchte, um sich fit zu halten. Laufband, Hanteln, Matte.
Und während meine drei Dreibeiner im Pool herumtollten, warf sich die Mutti in die Sportklamotten. Es war vormit-

tags, elf Uhr, draußen war das Thermometer sicher schon auf 26 Grad geklettert, und mein Plan war es, ein paar Minuten auf dem Laufband zu verbringen. Ruhig und gemütlich, mal laufen, mal walken, einem dem Urlaub angepassten Bewegungsmodus eben.

Gerade dreißig Sekunden war ich gelaufen, da betrat die ehemalige Miss Bodybuilderin von 1989 den Raum. Jedenfalls vermutete ich, dass sie es gewesen sein musste. Eine Dame, schon gut und gerne sechzig, knusprig gebräunt (sah verdächtig nach Sonnenbank aus), dazu ein Kreuz, hinter dem sich mein Mann bequem hätte verstecken können.

Mit einem Blick erfasste sie, dass ich Sportskanone ihr Laufband in Beschlag genommen hatte. Sie scannte mich von oben bis unten, und in ihrem Gesicht meinte ich ein »Na gut, die kippt eh in drei Minuten um« gelesen zu haben.

So, meine Liebe, da hast du dich aber so was von geirrt. In mir wurde eine Motivation wach, die mir bislang fremd war. Es ist manchmal schon erstaunlich, was in einem alles schlummern kann. Mein Zeigefinger bewegte sich zielstrebig dahin, wo sich die Geschwindigkeit des Laufbands einstellen ließ. Und ich nahm eine Korrektur vor, von 5,9 Stundenkilometern erhöhte ich auf 9,1. Die Aufwärmphase war vorbei, sollte Miss Bodybuilding doch mal sehen, was ich so draufhatte. Diese hatte sich aus lauter Frust, weil ich ihr Gerät okkupiert hatte, das Ergometer neben mir geschnappt. Ich spürte ihre Blicke auf mir. Und ich spürte vor allem unausgesprochene Vorwürfe: »In deinem Alter sah ich aber anders aus.« Auch: »Wie kann man sich nur so gehen lassen?«

Und wissen Sie, was mich wirklich an meinem Verhalten schockierte, ungeachtet der Tatsache, dass ich mit über neun Stundenkilometern auf diesem blöden Laufband dem Tod näher war als dem Leben? Ich spürte in mir diesen Rechtfer-

tigungsdrang. Als müsste ich mich für das, was ich war, oder besser: für das, was ich nicht war, rechtfertigen.
Und weil ich mich nicht verbal verteidigen wollte, zeigte ich es dieser einstigen Miss in der Art, die mir einzig bei dieser Frau angebracht erschien. Fünfunddreißig Minuten lang lief ich Tempo 9,1 km/h (auf die 0,1 bestehe ich!). Der Schweiß tropfte mir an Stellen meines Körpers herunter, bei denen ich bislang nicht gewusst hatte, dass ich dort schwitzen konnte. Und in der Auslaufphase hätte ich Ihnen auf Anhieb weder meinen Namen noch mein Geschlecht sagen können. Aber auf meinem Gesicht zeichnete sich mit Sicherheit dieser Satz ab: »Tja, das mache ich jeden Tag so.« Miss Bodybuilderin lag währenddessen auf der Matte und guckte auffällig teilnahmslos an die Decke, als sie bei Sit-up No. 8 372 837 angelangt war.
Jetzt biste baff, Mädel? Nicht wahr? Hättest du mir Moppel gar nicht zugetraut, oder? (Ich mir selbst auch nicht.) Nur zu gern hätte ich mich jetzt einfach bäuchlings auf den Boden fallen lassen, alle viere von mir gestreckt und den restlichen Tag meine Wunden geleckt. Aber, was tat ich? Ich ging auf die Matte zum Krafttraining.
Planks waren nun angesagt. Ich fühlte mich stark, ich fühlte mich sportlich und war voll bei mir, als ich plötzlich eine keifende Frauenstimme vernahm: »Popo runter!«
Ehe ich begriff, wer oder was gemeint war, wiederholte sie: »Ey Fräulein, Popo runter!«
Miss Bodybuilding von 1989 stand neben mir und brüllte mich an.
Mich!
MICH!!!
Leider war ich noch so außer Atem, dass ich nicht eloquent antworten konnte.

»Wenn es was bringen soll, musst du den Popo runtertun!«
Da war sie sprachlos, die Schlagfertigkeitsqueen mit dem zu hohen Popo.
»Ich mache eine abgewandelte Übung. Aus gesundheitlichen Gründen«, hörte ich mich in einem Tonfall sagen, den ich vorher noch nie an mir vernommen hatte. Eine Mischung aus Grace Kelly und eingeschnappter Ziege.
»Aha«, sagte sie lapidar und ging fort.
Ließ mich da einfach zurück. Mit meinem Ärger und meiner Wut. Ich machte noch ein paar Minuten Krafttraining, schloss mein Training mit erneuten Planks ab. Probeweise versuchte ich, den Popo ein bisschen tiefer zu halten, ich hatte gehört, dass das wichtig sein sollte.
Übrigens: Seit dieser außergewöhnlichen Begegnung behielt ich das Laufen im Urlaub bei. Und zwar täglich. Nicht immer in dem Miss-Bodybuilderin-Tempo, aber deutlich schneller, als ich es sonst gemacht hatte.
Aber darauf wollte ich gar nicht hinaus. Ich wollte auf mein Essverhalten raus. Sie wollen doch sicher wissen, ob sich nach einem Jahr gesunder Ernährung etwas in meinem Buffet-Verhalten geändert hatte.
Also sagen wir mal so: Ab Tag drei wurde es besser. Aber die Wahrheit ist: Wenn ich die Wahl zwischen Tiramisu und Melone habe, ziehe ich weiterhin das Tiramisu vor. Ab Tag drei nahm ich mir dann Tiramisu *und* Melone.
Ich fürchte, das bin halt ich. Ich fürchte, dass ich nie die Obst-statt-Schokoladen-Liebhaberin oder die Trockenpflaumen-Frühstückerin sein werde. Dafür gehe ich auch anschließend joggen. Bei 9,1 km/h!
Falls es Sie interessiert (in einem Abnehm-Buch gehe ich mal davon aus): Diese eine Woche Italien hat mich ein Plus von 4,1 Kilo gekostet. Und das, obwohl ich täglich auf dem Lauf-

band war. Diese elenden Fettzellen. (Haben die eigentlich nichts Besseres zu tun?)
Zwei Wochen später war das Urlaubssouvenir wieder weg. Sollten Sie mich heute fragen: »Und das nächste Mal vielleicht doch lieber Melone?«, so wäre meine ehrliche Antwort: »Nach dem Tiramisu, gerne!«

Bauch-weg-Höschen

Ich stand schon mit weit über zwanzig Kilogramm mehr auf der Bühne. Und ich hätte es auch mit vierzig Kilo mehr getan. Ich bin so eingebildet, dass ich davon ausgehe, dass die Frauen Spaß hatten. Völlig unabhängig vom Gewicht. Das ist wichtig! Es ist deswegen wichtig, weil wir trotz Übergewicht niemals, ich wiederhole: niemals unter unseren Möglichkeiten bleiben dürfen.
Auf der Bühne zu stehen, ist meine Leidenschaft. Ich liebe es. Und ich habe es moppelig genauso geliebt wie jetzt etwas schlanker. Es fühlt sich auch nicht anders an. Zumindest nicht mittendrin, davor schon. Und mit *davor* meine ich den Moment, in dem ich vor dem Kleiderschrank stehe und verzweifelt überlege, was ich anziehen soll. Ja, ich gebe zu, das ist augenblicklich etwas entspannter.
Als moderne Frau von heute bin ich natürlich mit allen gängigen Hilfsmitteln vertraut. Und nachdem ich einmal ein Pressebild von mir in der Zeitung gesehen hatte (von unten nach oben fotografiert), stürmte ich direkt ins nächste Kaufhaus: Abteilung Unterwäsche, Unterabteilung: Shapewear.
Shapewear – dieses Wort ist viel schöner als Miederware. Wer möchte schon eine Miederunterhose kaufen? Wie das schon klingt! Bieder und unsexy. Doch da anscheinend recht viele Frauen auf diese Unterbuxen zurückgreifen, hat sich die Branche den Gefallen getan und sich ein neues, sehr cooles Wort ausgedacht. Und seitdem bekannt ist, dass selbst die

größten Hollywood-Stars Oma-Unterwäsche tragen, ist sie wieder salonfähig geworden.

In diesem Kaufhaus war ich also auf der Suche nach Shapewear, die meinen Bauch wegdrücken und meine Oberweite betonen sollte. Eine Mammutaufgabe, selbst für Alleskönner wie Spanx.

Spanx ist der Mercedes unter den Problemzonen-kaschier-Buxen und kommt direkt aus den USA. Es scheint jedoch, als ob man die Transportpreise eins zu eins auf den Ladenpreis umgelegt hat. Aber was es bei dieser Passformwäsche für eine Auswahl gibt – unfassbar! Ich war hellauf begeistert.

Ein Problem bei Miederware besteht trotzdem, egal für welche Marke Sie sich entscheiden: Alles, was weggequetscht wird, will irgendwo wieder hin. Und mal eben anprobieren funktioniert auch nicht, weil das einer Tagesaufgabe gleichkommt. Das Anziehen ist Hochleistungssport, und das Ausziehen eine Nahtoderfahrung. Ein »Unterhemd« von Spanx wollte ich nun in dem Kaufhaus in der Umkleide so ausziehen, wie man ein Unterhemd für gewöhnlich auszieht. Ich schwöre Ihnen, ich war kurz davor, den Rettungswagen zu rufen. Oder die Verkäuferin. Wagte ich aber nicht, weil ich wie eine zerquetschte Leberwurst in der Kabine auf und ab sprang, um dieses Teil loszuwerden. Danach sah ich aus, als hätte ich mit einem Löwen gekämpft. Aber: Ich kaufte das Teil, denn eins konnte man ihm nicht absprechen: Es saß stramm! Und stramm ist gut auf der Bühne.

Vor dem nächsten Auftritt steckte ich mich dann in diese Ritterrüstung alias Shape-Unterhemd. Wissen Sie, was wirklich eine Katastrophe ist: Wenn Sie auf der Bühne merken: *O shit, es kommt!*

Denn auch Shapewear kann sich aufrollen. Das ist eine schmerzhafte und äußerst unangenehme Prozedur, zudem ist man absolut machtlos dagegen. Denn anders als bei einem normalen Top kann man ein Passformhemd nicht einfach und schon gar nicht galant herunterziehen, sodass keiner etwas bemerkt. Bei diesem Neoprenanzug muss man sich hinter die Bühne begeben, alles wieder glatt streichen und sich neu sortieren.

Ich weiß nicht, ob das Publikum meine Not gespürt hat, ich hoffe nicht. Aber ich war dankbar, als es eine Pause gab.

Nach meinen diversen Operationen hatte man mir empfohlen, eine Miederhose zu tragen. Nach dem Eingriff nach der DIEP-Flap-Methode, bei der das Bauchgewebe in die Brüste transplantiert wird, musste ich mir eine solche sogar mehrere Wochen lang überziehen. Wie eine Art Korsett. Mir kam es vor, als hätte man auf natürliche Weise meinen Magen verkleinert, denn ich konnte nur noch Spatzenportionen essen, weil alles andere zu schmerzhaft war. Ein kugelrunder Bauch in einer Miederhose – Kinder, das tut weh. Wenn Sie also feststellen, dass bei den Mahlzeiten die Portionsgrößen das Problem für Sie sind, kann ich Ihnen nur sagen: Versuchen Sie es. Eine Spanx-Hose ist immer noch günstiger als eine Magenverkleinerung. Und weniger aufwendig ist es auch.

Die anderen

Sollten Sie jetzt davon ausgehen, dass ich nun beschreibe, wie ein schlankeres Äußeres mich auch hat erfolgreicher werden lassen, dann muss ich Sie enttäuschen. Ich habe hierbei keinen signifikanten Unterschied erkennen können. Ich bekomme weder mehr Gage noch mehr Leser oder mehr Anerkennung. Ich werde auch nicht ernster oder weniger ernst genommen, ich erhalte ebenso wenig mehr Anfragen. Nein, hier gibt es meiner Meinung nach keinen Zusammenhang.
Ich kann mich, was meinen Gewichtsverlust betrifft, nicht gesellschaftskritisch äußern. Eigentlich ist das doch ein tolles Zeichen, oder? Womöglich liegt es daran, dass ich das, was ich mache, immer geliebt habe und noch immer liebe. Und es scheint, als wäre es auch sonst so und nicht anders angekommen. Dicker Hintern hin, dicker Hintern her. Daraus wiederum resultiert, dass mein Wunsch, Gewicht zu verlieren, aus keinem äußeren Druck entstanden ist, sondern allein aus mir selbst heraus kam. Ich habe nicht abgenommen, um mehr Angebote zu erhalten, sondern weil ich mich unwohl gefühlt habe. Das ist ein riesiger Unterschied.
Aber, ich will ganz, ganz ehrlich zu Ihnen sein. Ich meine, in der Männerwelt wieder anders wahrgenommen zu werden. Und soll ich Ihnen was sagen? Ich empfinde das als einen angenehmen Nebeneffekt.
Ja, ich bin glücklich verheiratet, und daran wird sich auch nichts ändern. Aber, meine Damen, machen wir uns nichts

vor: Ein klitzekleiner Flirt am Rande ... ja, ich mag das. Und mein Mann kann davon auch nur profitieren.

Mein Selbstbild hatte nach der Krebserkrankung gelitten. Nackt kann ich mich nämlich entfernt mit Frankenstein vergleichen. Ein nicht unerheblicher Teil meines Körpers ist gezeichnet, vernarbt und taub. Das hat etwas mit mir gemacht. Aus fraulicher Sicht. Wenn dann noch dreißig Kilogramm mehr auf den Rippen sind, ist dies nicht unbedingt zuträglich für die eigene Weiblichkeit, das eigene Wohlbefinden.

Das hat sich jetzt geändert. Zwar bin ich immer noch Frankensteins Tochter, doch das ist okay, denn ich mag mich inzwischen wieder in einem Ganzkörper-Spiegel anschauen. Bei aller Emanzipation ist das ein netter Nebeneffekt.

Aber es gibt noch ein paar Phänomene, die ich beobachten konnte. Bei Auftritten, egal an welchen Orten, gibt es meist einen Backstage-Bereich. Allen, die jetzt denken, wow, was für ein Glamour, sei gesagt: Man muss das relativieren. Denn Backstage bedeutet auch mal: Lagerraum, Flur oder der Platz vor dem Klo. Manchmal besorgt der Gastgeber eine Kleinigkeit zu essen. Hin und wieder wird sogar extra ein Kuchen gebacken. Ich freue mich jedes Mal darüber, auch wenn ich vor den Auftritten über mehrere Stunden hinweg gar nichts zu mir nehme (Erfahrungswerte, ich schlafe sonst auf der Bühne ein). Aber es gibt noch ein Danach.

Und des Öfteren habe ich in den vergangenen Monaten Folgendes gehört, wenn ich mich für die Mühen des Gastgebers bedankte: »Gerne. Aber Sie haben doch gerade so toll abgenommen!«

Dieser Satz »Aber Sie haben doch gerade so toll abgenommen«, den höre ich häufiger. Zuletzt auf einer Hochzeit, auf

die mein Mann und ich eingeladen waren. Unauffällig hatte ich mich am Buffet vorgedrängelt, weil ich sonst vor Hunger umgekippt wäre. Plötzlich drang es an meine Ohren, wie es eine junge Frau zu einer anderen jungen Frau sagte: »Dabei hat sie doch gerade so toll abgenommen.« (Hier meinte ich noch ein: »Na, das kann nicht lange gut gehen«, herauszuhören.)
Was sollte das denn heißen? Durfte ich als schlankere Frau keinen Hunger mehr haben? Hatte ich keinen Anspruch darauf, offen kundzutun, dass ich mich darauf freute, etwas zu essen? Das wollte ich aber, ich wollte mich auf das, was ich auf meinen Teller tat, richtig freuen. Vielleicht noch mehr als zuvor. Ich habe schon immer gerne gegessen und tue es noch heute (und womöglich für immer und für alle Zeit) – diesen Spaß wollte und will ich mir auch in Zukunft nicht verderben lassen.
Ein anderes Phänomen durfte ich nicht nur bei Frauen in meiner Umgebung beobachten, sondern ebenso bei mir selbst. Diesem Phänomen habe ich mich schon in meinem Buch *Schlagfertigkeitsqueen* gewidmet. Hierbei geht es um die Fähigkeit, die wir Frauen meist perfekt beherrschen.
»Du hast aber wirklich toll abgenommen«, spricht mich eine weitläufige Bekannte an.
»Danke«, antworte ich ihr.
»Ach, ich müsste ja auch mal dringend wieder ein paar Kilo abnehmen. Aber im Moment ist es so schwierig, weil …«

Alternativ: »Ich habe letztes Jahr zehn Kilo abgenommen, aber weil ich zu viel Stress hatte, habe ich leider alles wieder zugenommen.«
Alternativ: »Wenn ich dich so sehe, bekomme ich ein ganz schlechtes Gewissen …«

Ich könnte diese Gespräche beliebig fortführen.
Sie wissen, worauf ich hinauswill?
Liebe Damen, Sie brauchen sich nicht zu rechtfertigen. Vor niemandem! Wenn überhaupt, dann vor sich selbst, aber am allerwenigsten vor mir oder einer Freundin, die gerade ein paar Gramm leichter geworden ist.
Aber wie gesagt, ich habe dieses Phänomen schon bei mir selbst wahrgenommen.
Sie erinnern sich an die Detlef-Story? Der ging ja voraus, dass ich eine Kindergarten-Mutter getroffen hatte, die wahnsinnig abgenommen hatte.
Hier fiel ich direkt in diesen Modus. Als ich es dann nicht schaffte, es ihr gleichzutun, verschlimmerte sich das Phänomen sogar noch, und ich verspürte jedes Mal, wenn ich sie sah, den Drang, mich zu rechtfertigen.
Was für ein Unsinn, oder?
Wenn ich mich für all die Versuche, erfolglos mein Gewicht zu reduzieren, noch rechtfertigen würde, wäre ich damit bis zu meinem Lebensende beschäftigt.
Es ist doch so irrsinnig, wenn wir uns einmal klarmachen, wofür wir uns da nach unserer Meinung rechtfertigen müssen.
Ist Ihnen schon mal aufgefallen, dass man auf einer Party begründen muss, wenn man *keinen* Alkohol trinkt? Eigentlich wäre es logisch, es genau andersherum einzufordern. Rechtfertigen Sie sich auch, wenn Sie mit Kollegen auf den Weihnachtsmarkt gehen und keine verkohlte Bratwurst essen wollen? Anstatt dass sich all diejenigen rechtfertigen, die dieses Zeug in sich hineinschaufeln, tun es all jene, die für sich beschlossen haben, aus welchen Gründen auch immer, darauf zu verzichten.
Können wir lassen. Einfach so. Ohne Begründung.

Ich habe auch schon erlebt, dass mir jemand sagte: »Also, mir hast du ja mit ein paar Pfund mehr besser gefallen.«
Meine Antwort: »Na, wenn das so ist, dann nehme ich sofort wieder zu!«
Ich weiß, dass eine solche Aussage (meistens) nicht böse gemeint ist, aber dennoch empfinde ich sie als anmaßend. Denn um diese Meinung hatte ich nicht gebeten. Ganz abgesehen davon kann der Gewichtsverlust auch ganz andere Gründe als nur die Optik haben.

Feind erkannt?!

Ein Buch zu schreiben, ist eine Reise. Ursprünglich wollte ich einen humorvollen Erfahrungsbericht über das ewige Auf und Ab auf der Waage beschreiben. Herausgekommen ist für mich aber tatsächlich viel mehr.
In den letzten Jahren hatte ich mir die größte Mühe gegeben, irgendjemanden für mein Auf-und-ab-Desaster verantwortlich zu machen. Ich habe auch diesen Jemand gefunden, aber den hatte ich eigentlich nicht auf dem Schirm gehabt. Zumindest nicht so in dieser brutalen Klarheit.
Der beziehungsweise die Einzige, die sich in den letzten Jahren selbst im Wege stand, war ich selbst. Niemand anderes.
Mann, ist das blöd. Und kompliziert, und vor allem angsterregend. Ich gebe zu, die Angst, letztlich wieder zuzunehmen, die ist schon da. Womöglich falle ich wieder in alte Verhaltensmuster zurück. Aber auch das habe ich schlussendlich selbst in der Hand. Das ist das Positive an dieser Erkenntnis. Der Weg führt über die Selbstregulation.
Obwohl ich größte Anstrengungen unternommen habe, nach bequemen Ausreden zu suchen, ich habe keine gefunden. Ich befürchte: Es muss niemand dick sein, der es nicht will. Der Wille ist entscheidend. Die eigenen Gedanken und das innere Verabschieden von dem Trugschluss, dass es eine zeitlich begrenzte Angelegenheit ist. Dieses Gesunde-Ernährungs-und-Sportdrama ist eine lebenslange Geschichte.
Was nun?

Vielleicht sind Sie zu einer ähnlichen Erkenntnis gekommen, vielleicht haben Sie für sich aber auch erkannt, dass Sie so, wie Sie sind, völlig in Ordnung sind. Das wäre natürlich ganz großartig. Und wenn Sie jetzt nach der Lektüre dieses Buches sagen: »Ach, so ein paar Kilos weniger, das wäre schon toll«, dann könnte ein möglicher Anfang womöglich genau in diesem Moment gemacht sein.
Was könnte ein erster konkreter Schritt sein?

1. Will ich?
Das Wollen steht vermutlich vor allem.
Bin ich mit mir zufrieden, oder bin ich es nicht? Ist mein Körper das Haus, in dem ich gerne wohnen möchte? Ist es aufgeräumt und so gepflegt, wie er es verdient hat? Gibt es Dinge, die mir mein Gewicht streitig macht? Kann ich mich so bewegen, wie ich gerne möchte? Fühle ich mich glücklich oder eher nicht?

2. Den Gründen auf die Spur kommen, warum wir essen
Das war und ist für mich noch immer einer der härtesten Schritte. Warum esse ich? Hunger war es zu 99 Prozent nicht. Gehen Sie ruhig in die Tiefe. »Frustessen« wäre als Grund noch viel zu allgemein. Warum bin ich frustriert? Was ist passiert, bevor ich zu essen anfing? Wer, was oder welche Situation frustriert mich?
Oder ist es Trauer? Beruhigung? Belohnung? Stress? Welches Gefühl wird durchs Essen betäubt? Wie kann ich es anders angehen?
Ein banales Beispiel: Häufig aß ich, wenn zu viele Dinge gleichzeitig geschahen. Wenn ich nach Hause kam, das Handy klingelte, die Kinder mit den Hausaufgaben ankamen, die ich mit ihnen durchgehen sollte … Das Kauen,

dieser Mechanismus, löste eine Art Beruhigung in mir aus. Es entspannte mich, holte mich runter – nennen Sie es, wie Sie wollen. Diese Kau-Tatsache hat sich nicht geändert, aber das, was ich kaue, kann ich ändern. Ich verspüre beim Kauen einer Gurke mittlerweile das gleiche Gefühl wie bei deftigerer Kost. Es kam also bei mir nicht darauf an, was ich kaue, sondern nur, dass ich kaue.

3. Einstellung zum Thema Hunger
Ein weiterer Schritt *könnte*, ganz wichtig *könnte*, sein, dass Sie sich noch einmal neu mit Ihrer persönlichen Einstellung zum Thema Hunger befassen. Sie werden Ihre eigenen Maßnahmen finden, aber vielleicht hilft es, sich die Frage zu stellen, was Hunger für Sie bedeutet. Was verbinden Sie damit? Wann haben Sie ihn das letzte Mal gespürt? Vielleicht ist es gar nicht so schlimm …
Auch hier kann ich nur von meiner Haltung dazu berichten. Was Hunger beziehungsweise Appetit betrifft, ich habe das komplett neu besetzt. Inzwischen merke ich sogar, dass ich mit einem nahezu leeren Magen tatsächlich belastbarer und kreativer bin.
Ein ganz anderer Gedanke kam mir übrigens in den letzten Monaten in den Kopf: Wenn unser Körper die ganze Zeit mit Verdauung beschäftigt ist, hat er dann noch Ressourcen für anderes? Und damit meine ich nicht kreative oder körperliche Arbeit, sondern das Immunsystem. Kann unser Immunsystem auf Hochtouren laufen, wenn der Organismus ständig damit zu tun hat, Brathähnchen oder Sahnetorte zu verdauen? Das nur so als Gedanke …

4. Das Bauchgefühl wiederentdecken

Das klingt möglicherweise banal, ganz simpel. Ist es aber bei Weitem nicht. Wir haben heute Fitness-Tracker, die uns sagen, wie fit wir sind. Wir können Mitglied in Abnehm-Foren sein, wo uns gesagt wird, wann wir satt zu sein haben. Wir vertrauen Ernährungs-Gurus, die uns einreden, was alles gut und nicht gut für uns ist. Wir sprechen Superfoods mehr Ernährungskompetenz zu als uns selbst. Wir geben all diese Dinge aus der Hand. Wir sollten sie uns zurückholen. Hören Sie beim Sport auf Ihre Atmung. Sie ist zuverlässiger als jede Pulsuhr. Hören Sie in sich hinein, wie es Ihnen geht, wenn Sie eine mächtige Portion Makkaroni mit viel Käse essen. Und lassen Sie uns mit dem gesunden Menschenverstand an Chia-Samen und Co. herangehen, die einem ja quasi den Weltfrieden versprechen. Und wenn dieses Bauchgefühl wieder ernst genommen wird, gibt es auch so etwas wie ein Sättigungsgefühl. Hören Sie mit dem Essen einfach auf, wenn Sie satt sind. Und wenn es noch so lecker schmeckt – leckerer wird's nicht.

5. Wissen

Und wenn Sie dann noch sagen: »Alles klar, check, habe ich, aber mir fehlt es ganz praktisch an Ernährungswissen!«, dann gibt es tolle Fachleute, von denen Sie Informationen bekommen können. Die Deutsche Gesellschaft für Ernährung (DGE) beschäftigt sich den lieben langen Tag mit diesem Thema, und, halten Sie sich fest, sie gibt diese Infos kostenlos weiter. Auch Krankenkassen bieten hervorragende Ernährungsseminare an und liefern einen guten Grundstock, falls es bei Ihnen daran hapern sollte.

6. Attacke

Alles, was gestern war, ach, was sag ich, alles, was vor einer Minute war, ist vergangen. Vorbei. Haben Sie nicht mehr in der Hand. Sie brauchen sich darüber nicht mehr auch nur eine Sekunde den Kopf zu zerbrechen. Aber mit der nächsten Minute, da sind Sie am Drücker. Sie treffen jeden Tag Zigtausende bewusste und unbewusste Entscheidungen. Und wenn es der Nussriegel sein soll, dann ran! Aber bewusst, nicht so nebenbei.

Wofür der ganze Kram?

Lange Rede, kurzer Sinn: Ich hoffe, dass beim Lesen dieses Buchs bei Ihnen einiges hängen geblieben ist:

- Kein Gewicht, kein Hintern, kein dicker Bauch darf Sie, liebe Leserin, vom Leben abhalten.
- Zu viel Gewicht darf keine Entschuldigung dafür sein, unter Ihren Möglichkeiten zu bleiben.
- Sie sind wer, und Sie können was. Eine Kleidergröße hat mit Ihren Fähigkeiten rein gar nichts zu tun.

Gut, aber wozu soll Sie jetzt dieses Buch bewegen?
Zum Abnehmen oder zum Weiteressen?
Das entscheiden ganz alleine Sie.
Ich möchte Sie nur zur Selbstbestimmtheit bewegen. Es ist Ihre Entscheidung. Sie sind nicht im Hamsterrad gefangen. Jeden Tag, jede Sekunde beschließen Sie, wie es weitergehen soll. Und vielleicht haben Sie nach diesem Buch für sich beschlossen, dass Sie so, wie Sie sind, perfekt sind. Vielleicht haben Sie auch gemerkt, dass das Problem im Vergleichen und nicht im Bauchumfang liegt.
Kommen Sie bei sich an. Wie auch immer. Und wenn Sie abnehmen wollen, tun Sie es einfach. Sie können das. Ganz ohne Wundermittel, aus eigener Kraft. Woher ich das weiß? Weil ich es auch geschafft habe. Und dann können Sie das schon lange!

Ihre Nicole

Merci

Hach, was war das schön, endlich mal über ein leichtes Thema wie das Abnehmen zu schreiben. *Leicht* im Sinne von: nicht so schwermütig und ganz ohne Krebs und Sterben und so.
Ich habe versucht, mich diesem Thema, das schon eine Million Mal durchgekaut wurde, schlagfertig und humorvoll zu stellen. Ob mir das gelungen ist, das entscheiden Sie, liebe Leserinnen. Wie immer interessiert mich brennend Ihre Meinung (hallo@nicole-staudinger.net). Und wo ich gerade bei Ihnen bin, liebe Leserinnen, gebührt Ihnen natürlich der erste und wichtigste Dank. Ohne Sie macht das Bücherschreiben recht wenig Sinn!
Damit Sie es aber überhaupt kaufen können, braucht es gute BuchhändlerInnen, die es in die Regale stellen. Von diesen Menschen durfte ich in den letzten drei Jahren viele kennenlernen: Ich danke Ihnen zutiefst, denn Sie bieten den Rahmen für eine Begegnung zwischen LeserIn und AutorIn.
Ich danke ganz besonders meiner Familie!
Manchmal werde ich gefragt, wie das überhaupt geht: Schreiben, Touren, Kinder, Haus, Hof, Mann etc. Ehrliche Antwort: Das ginge nicht, würden nicht alle an einem Strang ziehen. Hinter mir steht meine entzückende Familie, sie besteht aus meinem Mann, zwei Jungs und meinen Eltern. Wir leben zusammen auf einem Mehrgenerationenhof, und gerade hat mein Papa zu mir gesagt: »Ich hole die Kinder gleich ab«, damit ich diese Zeilen zu Ende schreiben kann.

Ich alleine bekomme gar nichts auf die Kette. Mir ist es wichtig, das zu erwähnen, denn ich will auf keinen Fall, dass bei Ihnen, wenn Sie an mich denken, das Bild einer perfekt organisierten Businessfrau entsteht. Nicht, weil ich nicht so sein will, doch wäre ich es gerne ab und an, sondern viel mehr, weil ich es wirklich nicht bin! Ich kann außer Schreiben, auf der Bühne stehen und Memory spielen nichts. Nicht einmal die Rosen in unserem Garten schneiden, was meine entzückende Mama macht (und noch vieles mehr), auch nicht einkaufen, was alle außer mir tun, geschweige denn meine Termine koordinieren. Für Letzteres habe ich meine wundervolle Managerin Manuela Raschke. Sie und ihr Team führen so akribisch Listen, dass ich manchmal den Eindruck gewinne, ich sei völlig neben der Spur. Wie auch immer: Wenn Sie mich heute fragen, wo ich nächste Woche sein werde: keine Ahnung. Aber Manu weiß das.

Sie wiederum sagt es Christian Meyer oder Brian Bautz oder einem anderen jungen, gut aussehenden Mann weiter. Die holen mich dann ab, begleiten mich von A nach B und legen dabei eine Geduld an den Tag, die sie in jahrelanger Arbeit erlangt haben. Nicht nur mit mir, sondern auch mit Sebastian Fitzek. Haha, nichts für ungut, mein Lieber, aber ich hoffe sehr, dass du noch verpeilter bist als ich. Danke für dein Ohr und die gemeinsamen Gespräche.

Mit dazu gehören außerdem Jörn »Stolli« Stollmann, der weltbeste Illustrator, und seine entzückende Familie. Wie toll wäre es, wenn er mal bei einer bekloppten Idee von mir sagen würde: »Ey, spinnst du?«, stattdessen ruft er jedes Mal: »Jajajajaja, machen wir!« Dafür liebe ich ihn.

Euch allen, aber auch Sally, Kalle, Thomas, Volker, Michael, Lisa (fürs Lisa-Sein), meine große Nicole, noch eine Nicole (Nicole Z.) und meine echten Freunde: DANKE!

Sollte ich jemanden vergessen haben: Denkt mal drüber nach. (Witz!)

Und last but not least: Der wohl wichtigste Part beim Buchschreiben:

Liebes Droemer-Knaur-Team, tausend Dank, dass ich bei euch sein darf: Dr. Doris Janhsen, Margit Ketterle, Stefanie Hess, Antje Buhl und der gesamte Außendienst. Johannes Schermaul, Katharina Ilgen, Andrea Neuhoff und – wenn auch aus der Ferne: Dr. Hans-Peter Übleis.

Damit wir uns nur um die inhaltlichen Sachen kümmern können, steht über allem mein Supermann schlechthin: Roman Hocke und das bezaubernde Team der AVA Literaturagentur: Claudia von Hornstein, Cornelia Petersen-Laux, Lisa Blenniger und Markus Michalek.

Wie Sie sehen, ich trage also den kleinsten Teil von alldem!

Nicht zu vergessen: Ich danke wie immer all den Ärzten, die dafür gesorgt haben und sorgen, dass ich überhaupt noch hier sein darf. Und diese Dankbarkeit gilt nicht nur den Menschen im weißen Kittel, sondern zieht sich bis hin zur Reinigungskraft! Was nutzt Ihnen der beste Arzt, wenn Sie sich einen Keim einfangen! DANKE!

Zurück zu Ihnen, liebe Leserinnen, ich hoffe sehr, dass wir uns vielleicht auf irgendeiner Lesung live sehen. Sollte ich bis dahin wieder alles zugenommen haben, seien Sie doch bitte so lieb und sehen Sie drüber hinweg.

Bleiben Sie gesund, und auf bald,

Ihre Nicole Staudinger

Quellen

https://www.apotheke-adhoc.de/nachrichten/detail/markt/diaetmittel-apotheke-refigura-rettet-abnehmsaison/?tx_aponews_newsdetail%5B%40widget_4%5D%5BcurrentPage%5D=2&tx_aponews_newsdetail%5B%40widget_4%5D%5BitemsPerPage%5D=1&cHash=ba45f44f0b520d5fdb6de65abbdce8c5

https://www1.wdr.de/fernsehen/quarks/sendungen/uebersicht-epigenetik-100.html

Zu Studien über den »dicken Hintern« siehe: University of Pittsburgh und University of California

*Bestsellerautorin Nicole Staudinger zeigt Frauen,
wie sie in jeder Situation schlagfertig kontern können.*

Nicole Staudinger

SCHLAGFERTIGKEITSQUEEN

In jeder Situation wortgewandt
und majestätisch reagieren

Kaum eine Frau, die das nicht kennt: Ein vermeintlich lustiger Scherz auf unsere Kosten, ein vergiftetes Lob oder unverblümte Kritik – und wie reagieren wir? Meistens gar nicht. Die Antwort fällt uns erst ein, wenn es längst zu spät ist. Doch damit ist nun Schluss: Trainerin und Bestsellerautorin Nicole Staudinger ermutigt Frauen, für sich selbst einzustehen und verbale Angriffe charmant und souverän zu kontern. Denn Schlagfertigkeit ist weit mehr als sprachliches Geschick. Schlagfertig zu sein ist eine Lebenseinstellung.

»Man kann richtig was lernen
von der Schlagfertigkeitsqueen!
Sie ist auf der richtigen Seite, und das tut gut!«
Susanne Fröhlich

Mit viel Witz, Charme und Humor gibt die »Queen« Nicole Staudinger Tipps für den Umgang mit den schwierigen Momenten des Lebens.

Nicole Staudinger

STEHAUFQUEEN

Die Herausforderungen des Lebens elegant und majestätisch meistern

Jeder erlebt einmal Rückschläge, doofe Tage oder auch echte Krisen. Doch wie schafft man es, damit fertigzuwerden und nie die Freude am Leben zu verlieren? Nicole Staudinger weiß, wovon sie spricht: Mit Anfang dreißig erkrankte die Mutter zweier kleiner Kinder an Brustkrebs. Doch anstatt die Hoffnung zu verlieren, entdeckte sie die Stehaufqueen in sich. Heute macht die erfolgreiche Trainerin und Bestsellerautorin anderen Mut, sich ebenfalls nicht unterkriegen zu lassen, sondern immer wieder aufzustehen. Denn: In jeder Frau steckt eine Stehaufqueen.

»Lustig, lebensnah und wahr.«
Süddeutsche Zeitung